杨　安◎著

中国财富出版社

图书在版编目（CIP）数据

觉悟／杨安著．—北京：中国财富出版社，2014.7

ISBN 978－7－5047－5231－4

Ⅰ．①觉…　Ⅱ．①杨…　Ⅲ．①人生哲学—通俗读物　Ⅳ．①B821－49

中国版本图书馆 CIP 数据核字（2014）第 115518 号

策划编辑　刘淑娟　　　**责任印制**　方朋远
责任编辑　刘淑娟　　　**责任校对**　杨小静

出版发行　中国财富出版社
社　　址　北京市丰台区南四环西路 188 号 5 区 20 楼　　**邮政编码**　100070
电　　话　010－52227568（发行部）　010－52227588 转 307（总编室）
　　　　　010－68589540（读者服务部）　010－52227588 转 305（质检部）
网　　址　http://www.cfpress.com.cn
经　　销　新华书店
印　　刷　北京京都六环印刷厂
书　　号　ISBN 978－7－5047－5231－4/B・0394
开　　本　710mm×1000mm　1/16　　**版　　次**　2014 年 8 月第 1 版
印　　张　14.75　　**印　　次**　2014 年 8 月第 1 次印刷
字　　数　178 千字　　**定　　价**　32.00 元

前　言

人生是一场觉悟

今天，人们为了实现自己的目标，孜孜以求地努力着；为了占得有利地位，为自己辩护着；为了获得更大的利益，甚至不择手段……结果呢？努力奋斗了七八年，却没有得到自己想要的结果，甚至还将自己弄得遍体鳞伤；极力为自己争利益的人，依然没有得到自己想要的，只能自怨自艾道："命里有他终归有，命里无他莫强求！"

朋友们，在你们也发出类似的感慨的时候，在你们得到最终体会的时候，为什么不提早觉悟？为什么非要通过"我就要争一争"的行动来为自己的命运开脱？觉悟吧！当我们探索人生的时候，少一些烦恼、痛苦的缠扰，就会免受命运陷阱的愚弄，就会减少很多的烦恼和痛苦。

觉悟是对事物及其产生和发展规律的认识和理解。一个人觉悟的高低决定了其社会活动效率和成果。从这个意义上来说，觉悟就是态度，就是世界观和方法论。当我们明白了生命意义的时候，就会少一些烦恼和忧愁，就会心存快乐之感，就会对自己做出正确而客观的评价，就会感悟到人生的真正意义，就会获取心中的宁静……

改变自己的心，让心觉悟，是最有效的改变命运的方法。当我们对生命多了一些感悟，对生命的意义有了正确认识的时候，就会少一些烦躁，少一些争斗……安然于一生！

《觉悟》是一部足以改写你生命的书！当被众多问题缠绕的时候，当你依然在抱怨连连的时候，快来读读本书吧！这是一本开启你智慧的书。当你心有不甘的时候，翻翻它；当你心有委屈的时候，翻翻它……一切的一切都会在翻阅之后得到解答，获得心灵的宁静和轻松！

觉悟，是对自我公平而客观的认识。

觉悟，是对繁复世间规律的体会与把握。

觉悟，是寻回自我激发潜能的过程。

觉悟，是追求真正人生价值的自我完善。

觉悟，是追求生命意义的自我协调智慧。

觉悟，是生活在生活中的最真实态度。

……

觉悟生命的真实意义，获得更成功、更幸福的人生！

作　者

2014 年 4 月

目 录

快乐有很多种，有的快乐延续的时间长，有的快乐延续的时间短；有的快乐过后是空虚，有的快乐过后是烦恼。相对于那些已经死去的人，活着本身就是快乐的；相对于那些疾病缠身的人，健康就是快乐的。有失落感的快乐，不是真正的快乐，真正的快乐源于心的觉悟。

物的享受、权的力量、名的荣誉虽然能够使人产生一定的满足感，让人们获得“幸福”，但这种幸福只是一种短暂的感受。让我们感到不幸福的原因有很多，要想获得幸福，就要找到幸福的根源——觉悟！真正的幸福来自内心，幸福是心的感受！

任何一个专心修习的人，都能从平实的修习中逐渐体会到富有意义的觉悟真理。当你入定时，呼吸会由粗变细、心念会由粗变细，整个人也会体会到人生的乐趣。要想打开通往觉悟智慧的大门，就要不断禅修、不断入定！

有什么样的内心世界，就有什么样的外界眼光。如果长期抱怨自己的处境冷漠、不公、缺少阳光，就说明自己的内心世界对自我的认知出了偏差。这个时候，要改变自己的内心，让自己的处境随之好转。因为在这个世界上，只有你自己才能决定别人看你的眼光。

只有在定中才能生出智慧，才能看到我们的本来面目。要想突破已有的思维模式和认知水平，就要让自己安下心来、静下心来。在来去匆匆的人生旅途中，停住脚步，整理一下自己的心情，选择好方向，从容起程，或许你就能发现一个崭新的自我。因为心能安住，才会看到事物的真相！

人有善念，天必佑之，福禄随之，众神卫之，众邪远之，众人成之！你是世界的因，世界只是你的果。种子不良，基因不好，自然不会开出好花、结出好果！你的每个念头都是种子，你的世界只是它开的花。善念，开出花朵；恶念，变成肿瘤。唯有种下善良的种子，才能长出善良之树，才可能体会到生命的真谛。

生命只有一次，时间才是最大的财富。我们拥有的时间只有当下，拥有了现在，也就拥有了过去和未来。人生，就是一个钟，每个人都是在预先定好的圈里轮回。过去，不属于我们；未来，我们不知道。如果在这一秒，你选择了快乐，那么无数的快乐连起来就会流成一条快乐的河。

第一章

同在一个世界，你为什么不快乐

快乐有很多种，有的快乐延续的时间长，有的快乐延续的时间短；有的快乐过后是空虚，有的快乐过后是烦恼。相对于那些已经死去的人，活着本身就是快乐的；相对于那些疾病缠身的人，健康就是快乐的。有失落感的快乐，不是真正的快乐，真正的快乐源于心的觉悟。

努力得到后为什么没有快感

留人间多少爱，迎浮世千重变，和有情人，做快乐事，别问是劫是缘。

——仓央嘉措

在我们身边，很多人错误地把快乐建立在得到的基础之上，将成功与快乐画上等号，这是一种错误的、肤浅的认识，有的人所谓的快乐其实是自己的一己私欲，他们得到的未必是真正的快乐。

一个农夫在山里挖到了一尊价值连城的金罗汉，消息不胫而走，人们都跑来向他道喜。

可是，农夫却感到很烦恼。过去，他的工作就是下地干活，只要吃得饱穿得暖就可以了，生活无忧无虑。可是自从挖到了这尊金罗汉后，不是担心被人偷了这尊金罗汉，就是一天到晚都在绞尽脑汁地想："十八罗汉，按理说应该有 18 尊，这次我只挖到了一尊，其他的 17 尊到底在什么地方呢？要是我挖到了其他的，不就发大财了吗？"

于是，他饭也吃不香，觉也睡不安稳。一个月后，他瘦得只剩皮包骨头。

古语说得好："人心不足蛇吞象！"有了这样的贪婪，哪里还有什么快乐可言呢？即使努力得到了，结果依然不会快乐，反而还会忧心忡忡。

这些人为了满足自己的欲求，达到人生的成功，不惜动用一切手段，付出一切努力，得到了自己曾经梦寐以求的东西，原以为可以让自己曾经渴求的欲望得到满足。然而事与愿违，在自己得到了曾经孜孜以求的东西后，却发现得到的东西没有带来原本期望的快乐。

世界上有一种人就是这样，为了快乐往往盯着结果不放，一心只顾结果，眼被“心”蒙蔽，看不到外面的精彩，忽视了享受获得成功的过程。比如，你饥饿的时候别人给了你一个苹果填饱肚子你会感觉更幸福，还是你自己辛苦一天摘了很多苹果，然后自己填饱了肚子你会感觉更幸福？大部分人多选择后面这种情况，就是因为有自己的付出在里面。

真正的快乐到底是什么呢？

著名作家梭罗，在其代表作《瓦尔登湖》中讲述了一个生动的例子，充分说明了享受过程与感受结果的差别：

> 梭罗和一个朋友打赌，看谁能先到30千米外的地方。
>
> 比赛开始后，梭罗选择了步行到达另外一个地方，一路上他悠然自得地享受着沿途的美景，美丽的树木，悦耳的鸟鸣，好不惬意，终于在欣赏了一路的美景后，他晚上到达了目的地。
>
> 他的朋友选择了坐车去，坐车去要先买一张车票。于是朋友找了一份一天的工作，挣够了90美分的车票，坐上车后他终于在晚上之前到达了目的地。

一天的工作换来一张车票，一张车票只是为了让自己能够通过简单的途径到达目的地。这种纯粹为到达而到达的行为，让他的朋友失去了享受一天户外美好景色的机会，却让自己被一天的工作劳累了自己的身心。

正是如此，梭罗在28岁那一年，停止了俗世活动，退隐山林之中，在瓦尔登湖边自己建造了一座房子，过起了两年多的自耕自足的生活。这并非逃避，而是换了一种生活方式来感悟和体味真真切切的大自然，充满了睿智和哲学的韵味。

当一个人明白了人生的真谛之后，就不会将人生的结果作为快乐的必选项，而是将奋斗的过程、拼搏的过程看作是自己快乐的源泉。正如仓央嘉措的诗中写的那样，和有情人，做快乐事，别问是劫是缘。

人生获取成功的方式有很多种，但是哪一种成功让你更感受到人生的价值，哪种方式令你更享受成功的喜悦呢？

曾经看到过这样一则题目：世界上有什么动物可以到达金字塔的塔顶？给出的答案，可谓五花八门。其中，有两种动物能到达金字塔的塔顶，一种是雄鹰，另一种是蜗牛。这两种动物最终都能到达塔尖，不同之处就在于，雄鹰是靠着自己的天赋与优势平步青云到了塔顶，而蜗牛则是依靠自己的双脚，一步一个脚印地爬到了塔顶。

如果将塔顶比喻为成功的目标，雄鹰的成功方式是先天的，无须个人过多的付出便可得到自己想要的一切。或是靠着自己父母的庇护，或者是靠着自己超强的能力，没有遇到任何困难，甚至没有遇到一点阻力，可是这样的人生，除了得到成功，还有什么值得回忆的吗?

反观蜗牛的成功，却是看似艰辛实则光彩亮丽夺目的过程！在这一过程中，蜗牛遭遇了狂风暴雨的击打，一次又一次从塔上摔下来，把自己弄得遍体鳞伤，一次次地跌倒，一次次地爬起，终于有一天，它们到达了金字塔的顶端，取得了最后的成功。

比较两种成功的方式，虽然雄鹰成功路上走了捷径，但是却没有多少喜悦。因为它除了得到成功，几乎一无所有，然而蜗牛则不同，它们在一次次的失败中学会坚强，在登塔的过程中还收获了每爬上一步的快乐与喜悦，也拥有了面对种种挫折与失败时的勇气和信念，过程或许艰辛，但是在成功登顶之后，这些都将成为其最宝贵的财富，最珍贵、最美好的回忆。

成功固然会带给人喜悦，没有过程的成功如同建在柱子上的楼阁，缺乏牢固的基础，获得的快乐也像没有地基的楼阁，缺乏让人长久喜悦的土壤。

享受快乐的过程其实就是在享受人生的过程。人生就是这样，若没有太多的过程，便没有回忆的价值，太容易得到的东西，反倒不容易让我们珍惜。只有在经历了人生的喜怒哀乐、体验了人生的悲欢离合之后获得的那种成熟，才是人生最宝贵的财富！

蜗牛的成功之路虽然饱经风霜，但是这样的人生才更充实，才更会凸显自我价值。快乐也是如此。

当我们明白了过程的重要性之后，我们的人生会发生极大的改观，我们或许不再那么急功近利，不会再为一时的得失丢掉了欣赏风景的心情。

冰心有一首小诗："成功的花，人们只惊慕她现时的明艳，然而当初她的芽儿，浸透了奋斗的泪泉，洒遍了牺牲的血泪。"这或许便是过程之所以美丽的真谛吧！

杨安觉醒秘籍

☆ 结果有结果的快乐，过程有过程的精彩。

☆ 旅程的终点没有风景，能享受过程中的喜悦才算成功。

☆ 山顶风景虽好，山腰的风景未必不迷人。

☆ 享受快乐每一刻都可以，没必要享受迟到的欲望。

直击烦恼与忧愁的最根本原因

世间诸灾害、怖畏及众苦，悉由我执生，留彼何所为？我执未尽舍，苦必不能除；如火未抛弃，不免受灼伤。

——菩提行经

人生在世，总会遇到很多事情，遇到那些无法理解或者无法处理的事情，如果内心会产生焦虑或焦虑过度，有时就会变成忧愁与烦恼。其实，我们自己身上也会发生很多事情，有能解决的，有解决不了的。若总是盯着那些解决不了的事情不放，就会让抑郁缠身。

人之所以烦恼和忧愁，之所以不快乐，最根本的原因就是自己内心放不下，什么事情，什么情绪都放在自己心里，“舍不得”丢弃。久而久之，人就会不快乐，就会影响生命的质量。

在人生路途上，我们要放弃沉重的欲望，放下过度的需求，舍弃不必要的执着，还自己一片纯净的天空。只有懂得放下自我，才能体会到人生的真谛。

佛教中有这样一个故事：

释迦牟尼佛在世的时候，婆罗门两手各拿了一大朵花献给了佛陀。

佛陀看到了，大声地对婆罗门说：“放下！”婆罗门听从了指教，放下了左手的那朵花。可是，佛陀又说：“放下！”婆罗门只好将右手的花朵也放下了。

这时候，佛陀又说："放下！"婆罗门不明就里地说："我的两只手里已经什么东西都没有了，为什么还要我放下？"

佛陀听了他的话，说："我并不是让你放下手中的花朵，而是让你放下六根、六尘和六识。只有将这些都放下了，你才能从生死轮回中解脱出来。"

佛家有云：人之所以有烦恼，之所以有轮回，之所以有生生死死，不能脱离，就是因为人的执着，不肯放下。

什么是执着？把本来都是生灭的东西，当成了实有的、永恒的、一成不变的实体，简而言之就是内心不肯放下。只有保留生命中最纯粹、最有价值的部分，放弃累赘，调整心态，才是最好的选择。整天把烦恼和忧愁背在身上，怎会感受到幸福和快乐，又怎会体验到世间的美好？

很久很久以前，有一个家财万贯的富翁，可是他总是不快乐。于是他就把一部分家产变卖之后换成财宝，自己出去购买快乐。

花了十年的时间，富翁走遍千山万水，也没有找到他所谓的快乐。

这一天他在路边休息，看到一位农夫背着一捆柴草从山上走下来。富翁看到农夫生活虽然很苦，但是他很快乐，于是上前问道："你好，我要花钱买你的快乐，我已经花费十年的时间，走了几千里路，仍然没有买到快乐，你可以把你的快乐卖给我吗？"

农夫放下柴草，擦去汗水，不由得笑道：“你背了那么多的财宝却买不到快乐，我教你一个方法保准你买到快乐。那就是把背上的财宝全部丢掉，你就会得到快乐。”

富翁有些迟疑。

“既然你拿着这些财宝就是为了买到快乐，我让你放下财宝，你就可以得到快乐，你不信吗？”

富翁于是把财宝放到一边。

农夫解释道：“真正的快乐便是能放下你所拥有的。如果你自己心里放不下，你永远不会得到真正的快乐。”

富翁此时终于明白了自己不快乐的原因，自己有那么多的钱财，却每天担心自己的钱财被别人骗走，害怕家产被别人打劫，整天为了金钱而提心吊胆。如果真的能放弃这一切，何苦得不到快乐？

世间是否真的有像富翁那样背着包袱去寻找快乐的人呢？我想，这样的人肯定会有，而且还不在少数。他们的行为无异于缘木求鱼，近乎可笑。

《道德经》中说道：“吾所以有大患者，为吾有身；及吾无身，吾有何患？”由此看来，烦恼与忧愁的根源不在其他地方，而在于我们自己，在于我们的内心，在于我们自己内心的“放不下”。

人有身体，做任何事情都要为身体打算，为身体所累，为身体劳累奔波，那么人要是有了别的欲求呢？同样，也会为了自己的欲求而劳累奔波，一旦欲求无法达到，内心又无法放下，就自然避免不了若干恼人愁心的事，时间久了，必然憋出病来。

人若是心中放下了这些事情，又会有什么困苦呢？

有一位少妇因为心有所思，结果整日忧虑成疾，夜不能眠，茶饭不思，身体不爽，日渐消瘦，朋友推荐她到一个有名的老中医处看病。

老中医为其把脉看相，最后说：“你心中有太多的烦恼事，没什么大病，只是虚火太旺。”

老中医一语中的，看出了少妇的心事，她便把心中的许多烦恼都讲了出来。

老中医又问：“夫妻关系是否和睦？”

少妇脸上有了笑容，说：“结婚10年我们从未红过脸，夫妻关系一直很好，相敬如宾。”

老中医又问：“是否有孩子？”

少妇眼里闪出光彩，说：“有一个女孩，聪明懂事，很少让自己担心。”

老中医又问：“工作是否不顺利？”

少妇点点头说：“就是工作不太顺心。”

老中医边问边写，把少妇的情况写到两张纸上，一张写满了少妇的苦恼，一张写满了少妇的快乐。老中医让少妇看了这两张纸，说：“这两张纸就是治病的药方，你忽视了身边的快乐，把苦恼事看得太重了。”

在我们身边，有很多人像上述例子中的少妇一样，整天盯着自己的不足看个不停，从来都不会看到自己好的一面，这又怎么能让自己快乐起来呢？其实，装载我们情绪的心就像一个容器，若是忧虑和困惑装得多了，快乐就会变少；而快乐若是装得多了，烦恼和忧愁就会减少很多。

既然一切烦恼和忧愁的根源是因为个人心有所思，心中放不下，若想远离苦海，就应该学会放下，换取一片豁达的人生。

杨安觉醒秘籍

☆ 不要害怕烦恼，重要的是要找出烦恼生起的原因。

☆ 当你能够静下心来了解事情的原因和真相时，心里就不会生出那么多烦恼。

☆ 烦恼来的时候，既不要抱怨，也不要厌烦，因为它既能扰乱你，又会成全你。

没人不想快乐，只是自我丢弃了快乐

一切福田，不离方寸；从心而觅，感无不通。求在我，不独得道德仁义，亦得功名富贵；内外双得，是求有益于得也。

——六祖

这个世界中的人，都有趋利避害的本性，若以此考量到人的身上，大都有追求快乐，躲避不幸的想法。若问快乐到底来自何处，恐怕就值得人好好深思一番了。

有这样一种人，明明自己生活得很幸福，别人艳羡得不得了。可他们总觉得自己不幸福，或者是找不到令自己幸福的事物，每天都在羡慕别人的快乐。其实这种人一直只知道仰望，只看到了头顶璀璨的星空，却看不到自己脚下平坦的大路。他们只看到自己的不足，却看不到自己的优势，追根究底是自己的内心在作怪。

世界上有一些总是用崇拜的目光看别人，以别人的人生为自己的坐标，无形中给了自己很大的压力。他们在生活中总是照搬别人的模式，却发现生活越来越艰难，越来越坎坷，他们不知道为什么。这个时候最好的办法就是放弃别人的道路，做回自己，让自己成为自己的偶像，生活中的快乐是无法从别人的经验中复制来的。

一位少年向一位智者请教："我怎样才能变成一个自己愉快也能带给别人快乐的人？"

智者送给少年四句话："把自己当成别人，把别人当成自己，把别人当成别人，把自己当成自己。"

少年从此按照智者的要求走过他的人生历程，也成了一位智者，他自己是快乐的人，给他见过的每一个人也送去了快乐。

四句简短的话，实则蕴含着丰富的人生哲学：

把自己当成别人：遇到挫折、屈辱时，把自己当成别人，便让自己减少了痛苦；功成名就时，把自己当成别人，让自己得意忘形的头脑冷静下来。

把别人当成自己：与人交往，遇事设身处地为别人着想，便不会冷漠地对待他人。

把别人当成别人：别人有别人的生活，由不得我们干涉，我们更应该尊重别人。

把自己当成自己：你自己的事情，只有你自己才能解决，把你自己当成你自己，让你学会为自己的生活负责，不至于成为别人的附庸。

智者的四句话告诉我们，对我们每个人来说，对自己生活最有影响力的人往往是自己。

决定一个人快乐还是不快乐的，也是你自己。若是没有你的允许，没有任何人任何事情能让你不快乐。你夺不走任何人的快乐，同样，也没有人能够夺走你的快乐。夺走你快乐的人往往是你自己，因为你把自己的快乐建立在别人的身上，把自己生命的快乐主宰权交给了别人。

快乐其实很简单，它是一种心境，是顿悟后的开朗，是释放后的轻松，最重要的是，它始终被我们握在自己手中。

曾经有四个少年，他们总觉得自己不快乐。于是他们四处寻找快乐。

有一天，他们遇到一个智者，向他请教从哪里寻找快乐。

智者说："当你们造好一条船时，我便告诉你们快乐在哪里。"

那四个少年听从了智者的建议开始造船，他们因为没有造船经验，所以不得不一次次向人请教，一次次重新开始。在经历几年的风吹雨打之后，他们造好了一条大船。于是他们决定把智者请过来询问快乐在哪里。

智者看到他们造好的大船后，没有直接告诉他们答案，而是让他们划船到河对岸。他们边划船边唱歌！

智者问："你们快乐吗?"

少年们异口同声："快乐!"

智者说："就是这样，其实快乐一直在你们身边！造一条船都能让你们快乐不已。那么活着本身才是人生最快乐的事情。"

只要我们还有感觉，活着便有意义，只要人生还有生活目标，便是在完成一种生活体验。没有明确的生活目标，也是在完成另外一种生活体验。

如果一直让自己保持一种仰望的姿势，看到的只有自己的不足，如果试着给自己一个俯视的机会并且约束自己，过一种比较简单淳朴的生活，你就会发现，这个世界根本就不需要有那么多的攀比，更不需要为了这种无谓的虚荣而龙争虎斗，生活最重要的意义仅仅是为了活着。放下别人，然后放低自己，就是一种快乐的生活。

如果能够让自己俯下身来生活，过一种比较简单淳朴的生活，你就会发现，这个世界上的很多事情都是不值得的，只不过是我们自己在给自己制造麻烦，生活的本质仅仅是活着。然后在自己心中放下自己，这便是一个人快乐的生活。

千佛万佛，不如一佛管用，那就是你自己。无天无地大自在，笑弄风云平常心。

杨安觉醒秘籍

- ☆ 快乐一直在我们身边，没有人能把它带走。
- ☆ 能够影响一个人心情的人只有我们自己，自己的快乐同样也由自己掌控。
- ☆ 没有人能让你不快乐，除非你自己想不快乐。
- ☆ 世界不缺少快乐，而是缺少发现，不要过多追求外在的因素，有时快乐其实就在眼前。

看看那些快乐而幸福的人

万里归来年愈少，微笑，笑时犹带岭梅香。试问岭南应不好？却道，此心安处是吾乡。

——苏轼

不快乐的人总是看不到快乐的因子，他们往往为自己的不快乐寻找各种各样的借口，然而快乐的人却并不这样，他们总是为自己的快乐创造各种条件。快乐的人并不是没有困难，而是拥有一颗快乐的心，哪怕是面对逆境，快乐的人也总是不断地告慰自己：自己是快乐的，事情总会向着好的一面发展。

不断地寻找创造快乐是快乐者的座右铭，在他们眼中，总是能看到事物向着好的一面发展，哪怕身处囹圄，他们仍能通过铁窗中透过的一丝阳光，甚至是一棵小草看到未来的希望。

佛教《无常经》有云：“世事无相，相由心生，可见之物，实为非物，可感之事，实为非事。”人们常说相由心生，一个人的面相有很多其实就是个人内在情绪的真实表现，就是一个身材与五官完美无瑕的人却日日郁郁寡欢、心事重重或者是成日的钩心斗角，面相也未必会明媚照人。相反，即使一个身体有很多缺陷，却整日笑口常开、眼眸明亮或是整日助人为乐，面相也必然和蔼可亲。

所以说，快乐与否，最重要的取决于一个人的内心，而不是他的外在。

霍金是当代人类最伟大的物理学家。21 岁的时候他受到了疾病的折磨，变得生活不能自理，每天只能坐在轮椅上，依靠自己手指打字，表达自己的思想。即使这样他仍然没有放弃他心爱的物理，并在物理学上取得了举世瞩目的成就。然而与他的成就相比，他那种乐观向上的精神更值得我们钦佩。

在一次学术研讨会上，一位女记者不客气地向霍金提问道："病魔已将您永远固定在轮椅上，您不认为命运让您失去太多了吗？"

面对女记者唐突而又尖锐的问题，霍金并没有表现出失落，脸上依然充满恬静的微笑，并用手指敲出了这样一段话："我的手指还能活动，我的大脑还能思维；我有终身追求的理想，我有我爱的和爱我的亲人朋友；对了，我还有一颗感恩的心。"

霍金的回答超出了所有人的意料，人们以为面对这样的问题，霍金或许会抱怨生活的艰辛，对命运的不满，甚至可能对女记者表现出自己的愤怒。可是这一切都没有发生。人们看到了一个生活乐观、积极向上的科学家，一位懂得感恩的人。

托尔斯泰说："幸福的家庭总是相似的，不幸的家庭各有各的不幸。"这里我们可以机械地套用一下，不快乐的人有着各种不快乐的理由，快乐的人总是快乐的，因为快乐的人心是快乐的，所以他们眼中没有不快乐。

你若认为快乐的人没有烦恼，那就大错特错了，快乐的人的烦恼或许比常人还多，可是快乐的人善于排除烦恼，化消极心态为积极心态，尽可能保持快乐的心情。人生中快乐无处不在，关键要有快乐的心情。自得其乐是最保险和最恒久的快乐。

人生不如意事十之八九，常想一二。这便是快乐的人总是快乐的原因。

苏轼在文坛上生命斐然，诗词俱佳，可谓一代文坛宗主。他一生之中曾“居庙堂之高”，也曾“处江湖之远”。然而就是这位政绩卓著，却因恃才傲物、桀骜不驯的个性使他在“乌台诗案”中差点丢了性命，仕途跌落人生低谷，更是让他“心似已灰之木，身如不系之舟”。

有一位叫王巩的友人因为与他过从甚密，也受到牵连，被贬到岭南（今广东广西甚至是海南地区）。不仅如此，王巩的儿子还因病去世，苏轼为此歉疚难过不已。

后来苏轼回到朝廷，特地来看望故人。没曾想大难不死的王巩，并未萎靡憔悴，而是神情焕发，神采依然。闲聊中，苏轼提及偏远的岭南地区并为友人鸣不平。未料王巩的侍妾宇文柔奴在一旁弱弱地说了一句：“此心安处，便是吾乡。”苏轼内心受到很大的震动。

是啊，只要内心平静，享受到生活的本身，人生何处不故乡？即使身在荒漠，又怎会落魄。当即东坡才子写下了脍炙人口的《定风波》，成为千古奇唱。

还有什么比背井离乡更痛苦的事情呢？可是在一个内心平静、享受生活的奴婢眼中，却并未曾感受到一丝痛苦，真是世间少有的奇女子。若是与这样的人浪迹天涯海角，也未必会感觉失落。这便是快乐的源泉。

没有人知道人生的下一刻会面临什么样的环境，若因为担心未来的路，而放弃了内心的希望，人生便不会再有快乐。孔子在夸奖弟子颜回的时候曾经说道：“一箪食，一瓢饮，在陋巷，人不堪其忧，回也不改其乐。”

有人说道：人生是一道风景，快乐是一种心境。春看桃，夏赏荷，秋观菊，冬寻梅；月圆是诗，月缺是画；日出是灿烂，日落是浪漫。人生不是没有风景，而在于看风景的人眼中看到了什么样的风景。

没有不快乐的人生，关键是什么样的人在生活。

杨安觉醒秘籍

☆ 吃葡萄一定要从好的开始吃起，你就会一直吃好的葡萄。

☆ 即使身处逆境，也要抬起头多看看头上的蓝天，多用心感受美好的事物。

☆ 快乐其实只是一种心境，与环境无关。

☆ 用心感受阳光，生活总是美好的。

没有迷茫的快乐者，只有幸福的觉悟人

有沙弥道信，年始十四，来礼师曰："愿和尚慈悲，乞与解脱法门。"师曰："谁缚汝？"曰："无人缚。"师曰："何更求解脱乎？"信于言下大悟。

——《景德传灯录》

世界上的人有很多种，以不同的标准来分类的话，可以分为很多类别。以快乐为标准，按照简单的二分法，人可以分为快乐的人和不快乐的人。快乐有快乐的原因，不快乐有不快乐的情由。若将原因集中到一点，则可归纳为，快乐的人参透了快乐的真谛，所以他们快乐，痛苦的人还在迷茫，不知道快乐的真谛。

有人说：命运给我颜色，我正好开个染坊；命运给我一地碎玻璃，我何不将它们制成可以跳天鹅舞的水晶鞋。能够对命运有如此感悟的人，生活又怎会不幸福，又怎会有太多的感慨？幸福其实就是一种奢侈品，它不会随着感觉的增多而增长，却是随着感觉的满足而递减。如果不能从心底对这种奢侈品有一种正确的认识，就会得到了快乐而不能感受快乐。

人们常说，过得好，不如活得漂亮。过得好仅仅是物质生活充裕，没有后顾之忧，其实满足于物欲生活的世界并非真的幸福。活得漂亮是发自内心的感受，哪怕是物质贫乏，缺东少西，自己仍不

以此为苦。这便是对快乐的觉悟。

有智慧的哲人曾经说过：“大街上有人骂我，我是连头也不回的，根本不想知道这个无聊之人!”并非他们听不见街上的叫骂声，而是他们明白与那些无聊的人争执会影响他们自己的心情，让他们失去到手的快乐。

位于大洋深处的某个海岛自然条件恶劣，整个岛上到处都是沙滩和悬崖，气候干燥，淡水稀缺，生态环境极其恶劣。很早的时候，勇敢的航海人就已经到达了这个岛上。

第一批人到达这里后，按照他们原来的生活方式，在岛上开辟田地，种植粮食。可是，因为自然条件十分恶劣，又要面临族人之间的争夺，收成十分有限，甚至终日为吃穿发愁，他们将这座岛称为“烦恼岛”。

第二批人来到这个岛上之后，看中了这里奇特的景观，于是他们开发岛上的旅游业。当一批又一批旅客来到这个岛上观光的时候，他们赚得盆满钵满。同样是一座海岛，却为他们带来了希望，成为他们的“幸福岛”。

同样的生存环境，不同的人却有着不同的着眼点，有人创造了幸福，有人却感到了不幸。其实幸福只不过是一种活法，有人看得透，有人至死也没有找到快乐的门道。

其实想要快乐幸福很简单，那就是面对悲伤时，向远处看去，不被身边的烦恼阻挡了你发现快乐的目光。快乐在身边时，多和它靠近，从中感受正能量，当身边没有快乐时，多找一些快乐的原料。

过好每一天就是最大的幸福，快乐源于每天的感觉。悲伤的人总是抹不掉过去的阴影，忧虑明天的风险，今天又怎会如意？攀比那些不可捉摸的，幻想那些不现实的，心灵又怎会安宁？正是那些不切实际的东西才是人们痛苦的根源。

快乐的人面对过去的得失不斤斤计较，对于明天的变幻莫测不去忧虑，所以他们永远是幸福的，即使有不幸福，他们总是可以将其忽略。

一个年轻的小伙子被心爱的姑娘抛弃了，他自己很痛苦，失去了幸福，他决定跟佛诉说自己的不幸，然后远离苦恼之地。

佛说："离开前能否回答我的问题。"小伙子说："既然要走，回答也无妨。"

佛问："幸福是什么？"小伙子说："幸福就是爱啊。"

佛说："错！幸福就是你还活着。"小伙子很诧异："仅仅活着就是幸福吗？"

佛说："在世上，能活着已经是幸福了。很多人来不及享受生命就匆匆地走了，难道你不觉得自己幸福吗？"小伙子说："可是，活着也有痛苦呀？"

佛说："那什么是痛苦？"小伙子说："痛苦就是失去爱。"

佛说："错！痛苦也是你还活着。"小伙子说："那我更加糊涂了，活着怎么会是幸福的，又是痛苦的呢？"

佛说："活着的人，就是要幸福和痛苦一起，这才叫人生。你幸福是因为你还活着，你知道痛苦也是因为你还活着啊，不然人生将多么无聊！"

真正的人生是幸福和痛苦的统一。痛苦和幸福，别人又怎会感受，它只有当事人能捕捉，真正的幸福不是生活点滴的汇集，而是一种状态的持续。

佛学大师说：“红尘堆里学山居，风尘何能染人，人挠风尘耳！”幸福与痛苦都是一种心境，与外界环境无关，我们切不可总是执取外在的客尘烦恼，染污了自己安详喜悦的清净自性。

其实，人生更像是一道选择题，关键看你自己怎么选择，是选择幸福还是选择痛苦，完全取决于自己的内心。

杨安觉醒秘籍

☆ 有时我们会认为自己不够幸福，其实不然，生活中处处是幸福。

☆ 幸福无处不在，重在感悟生活。

☆ 没有不快乐的人，只有尚未觉悟的人。

☆ 少一点抱怨，多一些理解。

记住——觉悟的越早，人生越精美

佛告须菩提。凡所有相。皆是虚妄。若见诸相非相。即见如来。

——《金刚般若波罗蜜经》

快乐与不快乐，只在人的一念之差。快乐的状态只有一个，不快乐的原因却千差万别，没有一个统一的模式。有些人之所以不快乐，是因为他们将人生本身看成一件痛苦的事，这本身已经很可悲了，然而最痛苦的事是他们竟然不知道痛苦是什么。

佛教讲求大彻大悟，这种佛法要求人们从根本上认识到“苦”的本质，并及早抛弃这种感受，早日升到极乐世界。对于身处痛苦之中的人来说，应该有一个快乐的觉悟，越早越好的觉悟。这就是说，应该意识到我们要做什么样的人，准备怎样去生活。

只有对这些问题有深度的理解以后，才会确立一个比较远大的生活目标，调动自己的所有力量，为达到此目标而奋斗。

也许，我们应该用一种超脱的眼光看待这个过程，因为只有超脱才能将虚幻化作真实，把麻木化作充实。只有这样，我们才会成为过程的主人，以主动的心态来享受生活中的每一个状态。如果我们能主动调整自己的心态和观念，便会发现生活本来就是充满阳光，我们的内心也便不再是空虚的，而是充实的、快乐的。

无德禅师是一位得道高僧，经常有信徒向他请教心中的不解。

一日来了三位信徒，向他施礼，说道："人们都说佛教能够解除人生的痛苦，但我们信佛多年，却并不觉得快乐，这是怎么回事呢？"

无德禅师放下锄头说："想快乐并不难，首先要弄明白为什么活着。"

三位信徒不知所措，没想到禅师会问出这样的问题。

过了片刻，甲说："没有什么比死亡更可怕的了，为了逃避死亡所以人要活着。"

乙说："我现在拼命地劳动，就是为了自己，为了子孙后代能够幸福生活。"

丙说："我活着只是为了供养年迈的父母和刚出生不久的孩子。"

无德禅师笑着说："怪不得你们得不到快乐，你们总被生活中的琐事所累，而忘记了理想、信念和责任，没有它们的生活当然是很疲劳、很累的了。"

信徒们不以为然，无德禅师接着说："那你们说有了什么才能快乐呢？"

甲说："名誉能让人快乐。"

乙说："爱情才能让人快乐。"

丙说："有了金钱，就能快乐。"

无德禅师说："那么为什么有人有了名誉却很烦恼，有了爱情却很痛苦，有了金钱却很忧虑呢？"

信徒们无言以对。

无德禅师说："理想、信念和责任并不是空洞的，而是体现在人们每时每刻的生活中。必须改变生活的观念、态度，生活本身才能有所变化。"

是啊，人只有不断地改变自身的观念态度，在颓废之中想到进取，于不幸之中憧憬未来，在万难中早日觉悟，才能于无所事事的日子中解脱。

快乐与痛苦就像人的手心手背，始终共存却彼此对立。要消除痛苦，获得快乐，最根本的办法便是早日悟出人生的本质，在伸出手的时候多看自己的手心，少看自己的手背。如果遇到事情，无论好坏，都能看到积极的一面，人生便多了许多快乐。

快乐和痛苦不过是人的一种感受，关键是看你怎么去感受它。人生就是痛苦的承受载体，人的眼睛和心才是感受的主体。不快乐的人们与其在痛苦中苦苦挣扎，不如早些让自己解脱。

有一位施主总觉得自己很不快乐，却又不明白自己不快乐的原因，为了寻找到快乐或者找到自己不快乐的根源而四处奔波。

有一天，他来到一个集市，遇到一个自称"没有一天不快乐"的农夫，他非常纳闷，便上前询问原因。

农夫说："我曾经因为脚下没有鞋穿而整天沮丧，直到有一天，我在街上看到了一个没有脚的人。"

此人顿悟，原来快乐竟如此简单。

我们不得不赞叹农夫的聪明，能够从对比中发现自己的不快乐是自己造成的，并及时放下自己的烦恼，因此得到了快乐。这个快乐不是别人所带给他的，而是自己在顿悟之后得到的。

人生之中，难免会有不快乐，不幸福。若是因此而沉沦，被悲惨俘虏，人生便沦为不复。其实想要快乐也很简单，就是放弃那些带给我们不快乐的东西，留住那些让我们快乐的事情。当你放弃悲伤之后，你会发现，你放弃得越早，你便会越快乐；你放弃得越彻底，你的快乐就会越持久。

人生的路，往往在一念之间，心灵告诫我们，放弃悲伤，让快乐早点到来。

杨安觉醒秘籍

☆ 人生幸福与否关键看你的心态。

☆ 遇到不幸福的事情，心中常想快乐的事情，遇到悲伤，常想幸福。

☆ 放下思想包袱，快乐其实并不遥远。

☆ 少一点自我，多一点忍耐心。

小测试——你快乐吗

请在下列题目的 A、B、C、D 四个答案中，选出最适合自己的一项。总分加起来对照后面的结果分析。

1. 美国米高电影公司请你拍《猫与老鼠》的大结局，你会怎样处理猫和老鼠？（　）

A. 最终猫会吃掉老鼠。

B. 猫和老鼠一起合作去开发其他的卡通明星。

C. 猫与老鼠依然互不相让，但胜负难定。

D. 小老鼠最终会打败老猫。

2. 在意大利的佛罗伦萨有一栋建筑，据说是当地最古老的建筑，你觉得它今天应该是什么机构？（　）

A. 图书馆　　B. 市政府

C. 银行　　D. 医院

3. 在一栋建筑里，据说住着一对幽灵，你觉得下面哪种说法更合理？（　）

A. 两人通奸，被人发现关进了黑牢，最终成为幽灵。

B. 他们是一对情侣，由于永恒的爱，才使灵魂不灭。

C. 两人本来是一对恋人，巫师妒忌他们，对他们施了魔法。

D. 两人新婚之夜，被大火烧死。

4. 逛街时，你的钱包被盗，里面装了很多的现金，你会怎么

办？（　）

A. 先去公安局挂失。

B. 返回每一个刚才使用过钱包的地方，不断询问。

C. 在路上慢慢寻找。

D. 先坐下来，好好想想，然后再决定。

5. 明天，你要 5 点钟起床去赶飞机，你会如何确保让自己准时？（　）

A. 让家人 5 点的时候叫醒你。

B. 设定好闹钟，准时叫醒你。

C. 早点休息，明早让自己自然醒。

D. 睡觉前，心里默念 5 遍“5 点早起”。

6. 你与客户已经签约，可是突然意识到有一条不太重要的条款没有列上；可是重新签约需要花费大量的时间与金钱，你会怎么办？（　）

A. 做事要严谨，和对方重新签约。

B. 针对那个条款，与客户签订一份简单协议。

C. 针对那个条款，与客户达成口头协议。

D. 方便的时候，再增补那条条款。

7. 开车的时候，如果你把一个逆行的孩子撞倒了，你会怎么做？（　）

A. 对他说：“孩子，你骑错车道了。”

B. 关心地问他：“怎么样？没摔坏吧！太对不起了。”

C. 对他说：“没事吧。”

D. 把他扶起来，看看车还能不能再骑。

8. 乘飞机时，如果你要了一个临窗的位置，可是入座时才发现

是走道，你会怎么想？（　）

A. 这个出票员真是太粗心了。

B. 临过道也好，出入方便。

C. 自己真是太马虎了，没有检查。

D. 和别人商量，看看能不能调换一下座位。

9. 同事让你帮忙买一张软卧车票，结果你买了硬卧，你会怎么说？（　）

A. 实话实说，向他致歉。

B. 跟他说说坐硬卧的好处。

C. 装作没事人一样。

D. 说："各有好处，还是帮你换一张。"

10. 几名年轻人坐在一辆敞篷跑车里，他们言谈激烈，你觉得他们要干什么？（　）

A. 聚会玩乐。　B. 打劫。

C. 一起去找仇人算账。　D. 上医院看望病人。

记分方法：

将每一题的分数累计在一起，对照下面的分数解说：

对应分数：

得分＼题号	1	2	3	4	5	6	7	8	9	10
A	5	1	5	1	1	5	1	3	5	1
B	1	5	1	3	3	3	5	1	1	3
C	3	3	3	5	3	1	3	3	1	5
D	3	3	3	5	5	3	1	5	3	1

答案：

10～17分——天生快乐者。

你天生就喜欢制造快乐，即使开始对你有敌意的人，在与你接触一段时间之后，也会不自主地喜欢上你。你的快乐，是大家沉闷时的最好调剂。

18～25分——乐天知命。

你经常会对人微笑，为人诚实可靠，细致体贴，善于观察，能了解到周围事物较深层面的特点和含义。因此，你不会大喜大悲，当别人有了烦恼的时候，你是最好的倾诉对象。

26～33分——乐不思苦。

有时候你会很快乐，有时候则会很难过。你的性情容易变换，性格不稳定，心情好的时候，你会尽自己所能帮助身边的每一个人，给他们带来快乐；如果心情不好，你会变成一个令人头痛的人。

34～41分——比较含蓄。

笑的时候，你比较含蓄，让人捉摸不透。外表看起来你在微笑，但你可能是很不开心；在你脸部表情冷若冰霜时，可能内心如火。一旦恋爱或合作，你就会非常投入，容易伤害到别人。

42～50分——乐极生悲。

你做事认真仔细，一旦被情绪左右，可能会犯大错误。你的性格直率，容易伤着别人。千万不要太兴奋，太喜悦。

第二章

人生快乐幸福的根源——觉悟

物的享受、权的力量、名的荣誉虽然能够使人产生一定的满足感，让人们获得“幸福”，但这种幸福只是一种短暂的感受。让我们感到不幸福的原因有很多，要想获得幸福，就要找到幸福的根源——觉悟！真正的幸福来自内心，幸福是心的感受！

觉悟，是对自我公平而客观的认识

知人者智，自知者明。

——老子《道德经》

在古希腊帕尔纳索斯山神庙上刻着这样一句话："认识你自己。"迷失自我的人就是以"小我"为中心的人。当一个人以"小我"为中心看待自己及周遭一切的时候，与环境、自我之间是不相融合的。当你生活在矛盾中时，就会形成一种思想与情感高低起伏的落差，就会心生烦恼。

有一天，禅院新来了一个小和尚，他主动去见智闲禅师，诚恳地说："我今天刚来，先干些什么呢？请前辈指教！"智闲禅师微微一笑，对小和尚说："你今天刚来，先熟悉一下寺里的众僧吧！"于是小和尚跑出去和大家认识。

第二天，小和尚又来见智闲禅师，诚恳地说："我已经和大家都认识了，接下来该做什么呢？"智闲禅师微微一笑说："肯定还有遗漏，接着去认识吧！"

三天后，小和尚再次来见智闲禅师，信心十足地说："所有的僧侣我都认识了，接下来我该做什么？"

智闲禅师微微一笑，引导他说："还有一个人你没认识，而且这个人对你来说非常重要！"

小和尚搞不明白了，带着问题走出了禅师的禅房。他一遍遍地琢磨，一遍遍地寻思着……

一个星期之后，小和尚到井里打水。无意中，在水井里看到了自己的身影，他突然明白了，急忙跑去见老禅师……

其实，世界上有一个人，离你最近也最远，与你最亲近也最疏远。这个人，就是你自己！

老子、释迦牟尼、苏格拉底等，无数的先哲们都在追求真理——“我是谁?”“我是谁?”猛然一听，似乎荒谬可笑，一个人活着，难道连自己都不认识吗？是的，很少有人认识自己。

佛教创始人释迦牟尼说：“人生百年，不解生灭法；不如生一日，而得了解之。”被尊为道教三清之一的老子说：“我独异于人，而贵食母。”儒家的代表孔子说：“朝闻道夕死可矣!”

法国思想家蒙田说：“世界上最重要的事情就是认识自我。”一个不认识“我”的人，无论他的地位多么显赫，事业多么成功，资产多么丰厚，身体多么健康，人生多么安逸、“幸福”，他依然是一个可怜的人。

青年尤苏戴莫斯狂妄自负，为了教育他，苏格拉底和他进行了一次机智的谈话。

当知道尤苏戴莫斯雄心勃勃，想竞选城邦的领袖时，苏格拉底对他说：“要想当领袖，必须有治国齐家的本领，但是一个邪恶的人能掌握这种才能吗?”

尤苏戴莫斯坚定地回答：“当然不能！这种人甚至连做一个良好的公民都不够格。”

苏格拉底继续问：“那么，你知道什么是正义的行为，什么是邪恶的行为吗?”

苏格拉底一边说，一边拿出羊皮纸，把“正义”和“邪恶”分开写在羊皮纸上，要尤苏戴莫斯一一列举。很快，尤苏戴莫斯就把虚伪、欺骗、奴役、偷窃、抢劫放在“邪恶”的一边。

然后，苏格拉底运用相反的事例，把这些“邪恶”的行为一一予以推倒。他问:“作战时，潜入敌方军营，偷窃作战图是不正确的行为吗?为了阻止绝望中的朋友自杀，把他藏在枕头底下的刀偷走，不应该吗?生病时儿子不肯吃药，父亲就骗他，把药当饭给他吃，儿子很快恢复了健康，这种行为应该放在哪一边呢?……”

面对一连串的问题，尤苏戴莫斯如坠云里雾中。

苏格拉底做出了自己的解释，然后使尤苏戴莫斯接受了自己的观点，并对他说:“对人来说最为重要的，就是‘认识你自己’。”

人的痛苦与挣扎来自内心的浮躁，内心的浮躁来自人自我的迷失。迷失自我的人，通常都不能认识自己，他们的心不能从“道”出发，只能被现象所束缚。

人类不和谐，社会不和谐，家庭不和谐，人自身不和谐……这些所有的根本都在于人迷失了自我，为了证明“我”存在的价值，他们身不由己、欲罢不能地追求名利。可是，一个真正觉悟的人，是能对自己做出正确的判断的人，是一个真正认识自己的人。

心理测试——认识自己

生活中，每个人都可能会因为小事发脾气，即使对与自己关系最亲密的人有时也感到不满。根据自己的实际情况，做出选择。

A. 永远或大部分时间如此；　　　　B. 时常如此；

C. 偶尔如此；　　　　　　　　　　D. 很少或从来不如此。

1. 在新的环境中，比如：求职面试，在陌生人众多的场合，你是否担心会遇到不顺利的事？（　）

2. 如果有人请你帮忙，可是你却不愿意，比如：帮亲戚看孩子、帮同学抄作业，你会直接拒绝吗？（　）

3. 生气之后，你是否会觉得那件事其实不值得生气？（　）

4. 和朋友一起出去时，比如：到餐厅吃饭、看电影，你能让他们接受你的建议吗？（　）

5. 做决定时，你是否会感到困难？（　）

6. 聚会中，大家热闹异常，你是否会孤单地坐在一旁？（　）

7. 做家务时，你是否会征求别人的意见？（　）

8. 别人占你便宜时，例如，排队买票。有人插队，你是否会表示出不高兴？（　）

9. 对和你关系最密切的人，你是否感到满意？（　）

10. 对自己不能控制自己的不良习惯，你是否会感到忧虑？（　）

11. 在听收音机或待在狭小的地方时，你是否会出现无法控制的恐惧？（　）

12. 出门后，你是否会回来看看房门是否锁好、炉子可曾熄灭等？（　）

13. 每天晚上，你是否都需要一个多小时才能入睡？（　）

14. 你是否异常喜欢干净？（　）

15. 你是否觉得前途无望，想伤害自己？（　）

16. 你是否能看到、听到或感到别人觉察不到的东西？（　）

17. 你是否认为自己能力超群？（　）

18. 你是否有不明原因的恐惧感？（　）

说明：

1. C 或 D；　2. A 或 B；　3. C 或 D；　4. B 或 C；　5. C 或 D；
6. C 或 D；　7. C 或 D；　8. A 或 B；　9. A 或 B；　10. C 或 D；
11. C 或 D；　12. C 或 D；　13. C 或 D；　14. C 或 D；　15. C 或 D；
16. D；　17. D；　18. D。

诊断：

问题 1 ~ 9：

这几个问题主要是评估你能把感情表达到什么程度，以及你的自信心如何。

如果你给出的答案大部分与上述答案不同，说明你不善于表达感情，或对自己缺乏信心。

问题 10 ~ 13：

这些问题都和情绪问题有关。

如果你给出的答案大部分与上述不同，并觉得自己的问题已经对日常生活造成了干扰，最好去找心理专家咨询，听听他们的意见。

问题 14 ~ 18：

上面提到的行为可能是严重情绪问题的早期信号。

如果你的答案大部分与上述不同，就要立即去请教心理专家。如果需要治疗，要尽量早一点，这样效果会更好。

杨安觉醒秘籍

☆ 只有客观、全面地了解了自己，才能生活得更加自由。

☆ 我们不正确地认识自己，陷入别人的评价当中，就会活得很累。

☆ 认识自己，实际上是自己不断成长的过程。

☆ 要经常仔细地反省自己，不受外界环境的左右。

觉悟，是寻回自我的过程

真如自性起念，六根虽有见闻觉知，不染万境，而真性常自在。

——《坛经·定慧品》

人的一生，只和两种人相处，一是自己，二是他人。星云大师认为，人生时空本是一个浑融的圆，无论自处，还是处人，都像是在画圆。要想将这圆画得圆满，最重要的就是要寻回自己。

道谦和尚是大慧禅师的弟子，参禅了20年还是没有悟道，心里很是着急。

有一次，禅师让他出门办事，大约需要一年时间。道谦想："需要这么长时间，可是自己参禅还没有什么进展，这不是在荒废时间吗！"于是，他心里感到很苦恼，就向朋友宗元和尚倾诉。

宗元听他诉说完后，安慰他说："我和你一起去吧！路上我可以帮助你参禅！"道谦十分高兴，于是二人就出发了。

一路上，宗元总是说说笑笑，似乎把原先的承诺都给忘了。道谦感到很失望，主动请求宗元帮助自己。可是宗元却说："不是我不帮你，而是我实在帮不了你！这一路上你必须自己做五件事。"

道谦不解地问："哪五件事？"

宗元回答说："吃、喝、拉、撒、睡。"

这句话刚一说完，道谦猛然醒悟。因为他从这几句话中认识到了"自我"。于是，他便一个人踏上了行程，不再需要朋友陪伴了。

一年以后，道谦到师父那里复命，说："我终于找到自己了！"

尘世间，有多少人还没有找到"自我"！没有找到"自我"，就会烦恼不已，疲惫不堪，忙乱于今天，迷茫于明天。

努力找回失落的"自我"吧！当你能自我审视、自我洗涤、自我完善、自我净化、自我跌落、自我升华、自我顿悟时，就能真正地认识自己、发现自己了。

做人应该做一面镜子，时时刻刻通过对自身的关照来反省，不断地加深对自己的认识。找到自己、认识自己，正确面对自己的优点和短处，才能有一个明朗的未来。

早些年前，曾有这样一个人，他把自己多年的积蓄以及全部财产都投资到一种小型制造业上。由于没有掌握变幻莫测的市场，再加上原料价格的不断上涨，企业很快就垮了。

这个人感到很绝望，他对自己的失败、对自己的那些损失耿耿于怀，想跳楼自杀，一死了之。

一个偶然的机会，朋友借给他一本书——《怎样走出失败》，这本书给他带来了希望和重新振作的勇气。他决定找到这本书的作者，希望作者能够帮助他重新站起来。

可是当他和作者讲完自己的遭遇时，作者却说："我已经以极大的兴趣听完了你的故事，对你的遭遇我表示同情，可是，我一点忙也帮不上。”

这个人黯然地低下了头，喃喃自语：“完蛋了，一点指望都没有了。”作者显然听到了，说：“虽然我帮不上忙，但我可以为你引荐一个人，他能够让你东山再起。”

这个人立刻跳起来，抓住作者的手，说：“快点！请带我去见他。”

作者把这个人领到家里的穿衣镜面前，用手指着镜子说：“这，就是我要介绍给你的人。在这个世界上，只有这个人能够使你东山再起。除非你彻底认识这个人，否则你只能跳楼了。”

这个人站在镜子面前，认真地看着镜子里的那张长满胡须的脸。看着看着他哭了起来。

几个月之后，作者在大街上又一次遇到了这个人，可是作者已经几乎认不出他来了。他的脸干净整洁，脚步异常轻快，头抬得高高，衣着焕然一新，俨然一个成功者。

这个人对作者说：“是你让我在镜子里找到了自己，找到了自信。现在我又找到一份收入不错的工作，薪水很可观。我觉得用不了几年，我就会东山再起。”

佛教的禅宗提倡“找到真正的自己”，认为身体里有一个真正的自己，如果我们把身体看作是一个房子，那么自己就是房子的主人。生命只是一个房子，慧命才是真正的主人。很多人都是在维修自己的“房子”：改变发型、佩戴金银首饰等，却很少有人相信过自己的心。

在很多佛寺殿宇门前都有“晨钟暮鼓惊醒世间名利客”的警示语，真正觉悟的人通常都有觉察之心，觉察自己到底多了什么，少了什么，不会定位在目前的得失上。如果你不够用心，自然就不能获得心灵的平静，失去平衡点，困惑、烦恼就会随之而至。

杨安觉醒秘籍

☆ 面对自己，认同自己，规划自己，实践自我。

☆ 只有全力以赴，才能让自己通向幸福的成功之路！

☆ 生活是复杂的，遇到问题首先要多思考，拥有自己的见解。

☆ 认识自己，了解自己，是一种幸运。

觉悟，是追求真正人生价值的自我完善

只有开发内心的慈悲和智慧，才能达到生死自在。

——佛语经典

有这样一则小故事：

有一天，仪山禅师洗澡的时候，水太热，便命弟子提冷水来。小和尚很快就提来了冷水。将热水降温后，便顺手把剩下的水倒掉了。

禅师不开心地说："你怎么这么浪费？任何事物都有它的用处，只是大小价值不同而已。你怎么可以轻易地将剩下的水倒掉。即使是一滴水，如果把它浇到花草树木上，也不会失去它的价值，为什么要白白地浪费呢？"

小和尚听完后明白了。于是，将自己的法名改为滴水，也就是后来著名的滴水和尚。

一个人的觉醒，不仅体现在与人对应的事情上，一举手、一投足乃至身旁的花草沙石，都是体现灵悟的试金石！

人生要觉悟，凡能使我们的人生觉悟的事物和因素都是有价值的；而那些阻挠我们觉悟的事物和因素则是没有价值的。

其实，人生就是人们渴求幸福、享受快乐的过程。那么，你知

道自己的价值观是什么吗?

也许很多人对此都比较模糊，因为他们从来没想过这样的问题，觉得太虚，没有实际意义。可是，如果你不知道自己的价值观，弄不清楚自己想要的生活是什么，就只能随大溜；更糟的情况是，你费尽力气，却实现了别人的人生价值，而自己却一无所获。

一个人的生活是否快乐，关键看他的人生价值是否完善。如果只顾衣食饱暖，对于真善美不感兴趣，就会成为一具“行尸走肉”。

有一个小沙弥，拜了一位很有智慧的高僧为师。他每天跟在师父的身边，都要问同样的一个问题：“师父，什么是人生真正的价值?”师父一直都没有回答他，小沙弥仍不厌其烦地问，师父感到烦透了。

有一天，师父从房间拿出一块石头，对他说：“你拿着这块石头到小商品市场去卖，但不要真的卖掉，只要有人出价就好。看看人们会出多少钱买这块石头?”

于是，小沙弥带着石头到了小商品市场。当他把那块石头放在地上时，果然有人过来问价钱。有人说：“这块石头又大又好看，我出两元钱买。”有人说：“这块石头可以做秤砣，我愿意出价5元。”大家议论纷纷，最高的只出到10元钱。

小沙弥遵循师父的叮嘱，没有卖掉那块石头，开心地回去了。一看到师父，小沙弥就兴冲冲地说：“这块石头居然可以卖到10元钱，真该把它卖了!”

师父默默地对他说：“先不要急着卖，再把它拿到黄金市场卖卖看，同样不要真的卖掉。”于是，小沙弥就把石头拿到了黄金市场。一千元、一万元……这块石头很快就被抬价到了 10 万元。小沙弥激动万分地跑回去，将这个不可思议的结果告诉了师父。

师父淡然一笑，对他说："你再把石头拿到最著名的珠宝交易商场去卖。"小沙弥很快就带着那块石头去了附近最好的珠宝商场。谁知，第一个人开价就是 10 万元，但小沙弥不卖。于是有人就报出了 20 万元、30 万元……小沙弥依然不卖。

买主生气了，要他自己出价。小沙弥说："我师父不让我卖。"小沙弥把石头带了回去，对师父说："这块石头居然被出价到几十万元！"

师父微笑着对他说："是呀！这块石头的价值就像你问的'人生的价值'一样。在不同的场所，不同的阶段，人生的价值都是不同的。但是，你要明白，只有在人生的初级阶段，具备最好的珠宝商的眼光，才可以看到真正的人生价值。"

听了师父的一番话，小沙弥明白了。

不可否认，一个人的人生的价值，不在于外界的评价，而在于我们给自己的定位。

每一个人的价值都是相对的。唐代高僧玄奘大师，历经千辛万苦，八十一难，一心前往西天求取真经。他为什么要冒着这么多危险，到西天求经呢？有什么价值？这就源于他对人生价值的追求——传扬佛法，济世救人，普度众生。

"不以善小而不为，不以恶小而为之"，对于社会而言，人生的目的在于你对社会的贡献，也就是你人生的价值。不要祈求自己的人生价值何其伟大、何其高尚，只要你能为社会作出贡献，为民众谋福利，你的人生就是有价值的、有意义的。

每个人都有属于自己的人生旅程，关键看你怎样去把握它。世界固然是复杂与多变的，但是只要你保持独立的人格，就能实现自我的人生价值！

人生本来就是一个过程，成败取决于自己！总有一天我们都会死去，但留在世上的东西是永远不会消亡的，我们的价值在哪里，由我们自己去定位！

人世间有太多的周折，要用自己的双眼去看，去感悟，当遇到挫折的时候，当无人理解的时候，当你不知道该怎样面对的时候，要靠自己去承受；当你成功的时候，让你体会到快乐的时候，你就是有价值的！

杨安觉醒秘籍

☆ 人生的价值是自己赋予的，任何人强加给你的都不是你的人生。

☆ 要想知道人生为何，只需问问你自己的心。

☆ 不要用别人的标准要求自己，否则你只能做舞台上的舞者。

☆ 适合你的才是最好的。

觉悟，是追求生命意义的自我协调智慧

高兴与痛苦，人皆有之。高兴时心平气和地感受它；痛苦时平静地体会它。人，由于没有开悟，许多痛苦由此产生，一旦了解了生命的意义，事物就没有太多区别。因为，高兴与痛苦都是生命的组成部分。宽窄都是路，前后皆为空，只有一部分一部分加起来，才叫完整的人生，才是真正的生活。

——弘一大师

生命的意义在于什么？我曾因之陷入深深的思索，但未能得出令自己满意的答案。脑子里经常会出现一株植物的身影。这株植物，生长在厕所的围墙上。

一天，和同事一起上厕所，走到梯步的转角处，同事突然转过头来很惊讶地说："看，墙上长着植物。"

我不由得停下脚步，顺着同事的指点，朝前面的墙壁望去。果然，在厕所围墙上，两面墙壁相交的缝隙里，一株瘦长的植物赫然映入眼帘，我的心略微一动。

同事望着这株植物，语带敬意地说："真是太了不起了！这么坚硬的水泥墙，居然能长出来？"我微微一笑，不置可否。

是什么力量，让这株植物在坚硬的墙壁上破墙而出？这里，既

没有肥沃的土壤，也没有人们的爱怜，更没有自然的垂青，有的只是坚硬冰冷的水泥墙壁。然而，它却并没有因为环境的恶劣而放弃生存的机会，坚忍生长，立于墙壁之上，显示出一种生命的顽强。

自古以来，科学家、哲学家、宗教家们都在不停地寻找着一个问题的答案——人从哪里来，人为什么活着？

就让我们来重新审视一下普通人的人生：每个人都想追求快乐和幸福，但是任何一个人都不能得到永远的快乐和幸福。每个人都想活得安乐、轻松和自在，但始终也没有实现这个愿望。在痛苦中马马虎虎地过日子，天天吵吵闹闹，有着无尽的烦恼、辛苦，这就是普通人的生活。难道我们只能永远在痛苦中度过吗？自己生命的意义就在于，努力让每一个活在痛苦中的人都得到永恒的快乐和幸福。

在这个世界上，任何一个人都贪恋生存，恐惧死亡。自古以来，人生中“死”都是最让人惧怕的，所以秦始皇会派徐福出海寻药、一代枭雄曹操会慨叹“人生几何”。生死常常就在一念之间，因此很多人无法摆脱对死亡的恐惧、对生存的留恋。

生命的意义在于燃烧的过程！与其畏惧死亡，不如在有生之年多做善事，认真修行，追求生命的意义。

1938 年，圣严法师 8 岁。南方地区雨水绵绵，长江决堤，很多地方都遭受了严重的洪灾。大雨刚过，他就跟随父亲去了灾情最严重的村庄探望亲戚。

到达目的地之后，眼前的一切让年纪尚幼的圣严法师大吃一惊：洪水依然挺进，仅剩的几间房屋也已经被大水包围，村民们聚在房顶上等待着救援，水面上漂浮着很多人和牲畜的尸体。

这般景象给圣严法师留下了深刻的印象，从那时候起，圣严法师就感受到了生命的无常。后来，圣严法师在传记《风雪中的行脚僧》中写道：“当时我并无宗教信仰，但眺望着江水，看着尸体漂过，我突然领悟到：任何人、任何时候都可能死亡。死亡来临时，我们什么也做不了，唯有接受。担心死亡是没有用的。重要的是，直至死亡来临，要活得充实。”

圣严法师对生死的参悟是透彻的！虽然说人死如灯灭，但即使灯灭了，也并非什么都没有了。曾经的光依然在闪烁，蜡烛的意义在于其燃烧的过程。生生死死，且由他去，最好趁生命还在之时，多做善事。

生命的意义在于圆满觉悟。善待天地，那是生活空间；善待父母，那是生命来源；善待家人，那是今生最亲；善待同事，那是工作伙伴；善待恩人，那是困苦救星；善待冤家，那是还债主人；善待陌生人，那是未来的因缘；善待动物，那是人类的朋友；善待植物，那是生命的美景……善待一切，它们都因世间的大美而存在。

天有阴晴，月有圆缺。人生不可能一帆风顺，一路大道坦途。要经受岁月的历练，才能享受生活的多姿多彩。

珍惜身边所有的人，爱你的人，陪伴你的人……珍惜每一份缘，珍惜人生路上的每一次相逢。只要用心去体会，人生才会有更多的收获。

在有仇恨的地方，播种慈爱；有伤害的地方，播种宽恕；有绝望的地方，播种希望；有忧苦的地方，播种喜悦；有黑暗的地方，播种光明……不求他人的安慰，但求能安慰他人；不求他人的谅解，但求能谅解他人；不求他人的付出，但求能为他人付出。

内心的快乐是真正的快乐，精神的享受是最大的享受。每一个人都可以活得快乐幸福、轻松自在。我们要时刻提醒自己：生命如昙花般短暂，一定要珍惜光阴、珍惜人生、珍惜生命。不要自找烦恼，觉悟的生活才会轻松自在、快乐幸福，活着才有意义。

人，都活着，但是生命的价值不一样。为什么？因为我觉悟了，而你没有。

奋斗是一种乐趣，追求是一种动力；助人是一种储蓄，吃亏是一种积累。

谦和是一种修养，宽容是一种境界；忍让是一着妙棋，冷静是一服良药。

美色是一口陷阱，妒忌是一支毒箭；急躁是一种隐患，冲动是一个魔鬼。

寡欲是一种享受，挫折是一种磨炼；违心是一种欺骗，私欲是一条祸根。

杨安觉醒秘籍

☆ 生命在于坚持！

☆ 生命，只有一次，过完了就没有下一次了。

☆ 揭开生命神秘的面纱一角，探索属于自己的那一部分。

☆ 只有能经受时间考验的人，才是真正的强者。

觉悟，是生活在生活中的最真实态度

一切有为法，如梦幻泡影，如露亦如电，应作如是观。

——《金刚经》

无论是挫折，还是痛苦，只有学会接受现实，才能努力用自己的能力改善现实！在接受现实后，人生就有了新的起点，就会静静地开始，走向美好。事实上，世上没有完美，人生也不可能两全其美。要学会接受现实，积极面对现实，勇敢前行！

在上路之前，不要怕；上路以后，不要悔。生命中，有鲜花、阳光，也有泥潭、黑暗，两者并存，不可或缺。觉悟者通常都会勇敢地接受现实，坚持一路走下去。

寺庙里，有个小和尚每天早上负责清扫院子里的落叶。

清晨起床扫落叶其实是一件苦差事，尤其在秋冬时节，起风时，树叶总会随风飘飘落下。每天早上都需要花费许多时间才能清扫完，小和尚感到挺烦恼，想要找个好办法让自己轻松些。

后来，有个和尚跟他说："明天打扫之前，你先用力摇树，把落叶统统摇下来，后天就可以不用扫落叶了。"

小和尚觉得这个办法不错，于是第二天便起了个大早，使劲地猛摇树。一想到自己可以把今天跟明天的落叶一次扫干净，小和尚感到非常开心。

第二天，小和尚满心欢喜地来到了院子里，可是他傻眼了。因为院子里如往日一样，落叶满地。老和尚走了过来，对小和尚说："傻孩子，不管你今天付出多少辛劳，明天的落叶还是会飘下来。"

小和尚终于明白了，世上有很多事是无法提前的，唯有认真地活在当下，才是生活的真实态度。

在顺境中，追求生活的最真实状态是一种功夫，在逆境中追求生活的最真实状态就是一种境界。如果固执己见，会很容易让自己钻入死角，留下心理阴影，增添身心包袱。转变一个念头，彻底顿悟，才能柳暗花明。

起因决定善恶，难易在于心念，我们的命运掌握在自己手中！没有什么东西是永恒不变的，得失无常，再美好的东西，也无法拥有太久；再痛苦的东西也会离你远去。所有的经历，都是一种修炼。缘合则聚，缘灭则散，恬淡地生活在生活中的最真实状态才是智者。

一天，有个人失足掉下了万丈悬崖，幸运的是，他一手抓住了一根藤条。可是，就在他暗自庆幸时，一只老鼠开始啃咬他抓住的藤条。这时候，他已经精疲力竭。面对脚下的万丈深渊，他该怎么办？

抬眼之间，他看到悬崖上长着一簇鲜红的草莓，便想起了书中的一句话——"生活在生活中的最真实状态"，于是放弃了恐惧。

他腾出一只手去摘草莓，老鼠看见他摘草莓的手误以为是来抓它，便急忙溜走了。这个人不仅吃到了草莓，还赶走了老鼠，浑身有了力气。最后，他终于从悬崖上爬了上来，捡回了一条命。

人的心念也是这样！一念生，一念灭，刹那间变幻莫测。人的一生就像一部电影，放映机中胶片在不停转动，屏幕上的影子在不停闪动，人的心理活动一旦停止，这一期的生命也就到此结束。

“高堂明镜悲白发，朝如青丝暮成雪”是青春无常；“人事有代谢，往来无古今”是人事无常；“玉树歌残王气终，景阳兵合成楼空”是盛衰无常；“秋风萧瑟天气凉，草木摇落露为霜”是时序无常……孔夫子曰：“逝者如斯夫，不舍昼夜。”世间真相本来如此。

因此，我们要远离执着，对事物的变化持开放的心态，平静地面对生命中的变迁起伏。要生活在生活中的最真实状态，立志宜早不宜迟，付诸实践快努力。对于我们来说，当下的每一时刻即是永恒，即是过去、未来、现在，必须珍惜，必须要把握。

杨安觉醒秘籍

☆ 昨天，无论成与败，得与失，不必再细细探索，全当成一个经验、一种过程、一种结果、一种教训。

☆ 今天，无论好与坏，都要用心地去耕耘，不求是否能俯视大众，但求无愧于心。

☆ 明天，无论到与不到，只要把握好今天足矣。

小测试——你幸福吗

1. 当你年龄增长时，发现事情似乎要比原先想象的好。

是（ ）否（ ）?（ ）

2. 与你认识的多数人相比，你能更好地把握生活中的机遇。

是（ ）否（ ）?（ ）

3. 现在是你一生中最沉闷的时期。

是（ ）否（ ）?（ ）

4. 回想过去，有许多想得到的东西你还没有得到。

是（ ）否（ ）?（ ）

5. 你的生活本来应该有更好的时光。

是（ ）否（ ）?（ ）

（*）6. 即使能改变你的过去，你也不愿有所改变。

是（ ）否（ ）?（ ）

7. 你所做的事情，绝大多数都是令人感到厌烦和单调乏味的。

是（ ）否（ ）?（ ）

（*）8. 你预计，最近能遇到一些有趣而令人愉快的事。

是（ ）否（ ）?（ ）

（*）9. 你现在做的事，和以前一样有意思。

是（ ）否（ ）?（ ）

10. 你觉得自己已经老了，有些累了。

是（　）否（　）?（　）

（*）11. 回首往事，你相当满足。

是（　）否（　）?（　）

12. 与同龄人相比，你曾作出过更多愚蠢的决定。

是（　）否（　）?（　）

（*）13. 现在是你一生中最美好的时光。

是（　）否（　）?（　）

（*）14. 你感到自己确实老了，但并不为此感到烦恼。

是（　）否（　）?（　）

（*）15. 与同龄人相比，你的外表更年轻。

是（　）否（　）?（　）

（*）16. 你已经为一个月甚至一年后该做的事制订了计划。

是（　）否（　）?（　）

17. 与其他人相比，你失败的次数太多了。

是（　）否（　）?（　）

（*）18. 在生活中，你已经得到了很多自己所期望的东西。

是（　）否（　）?（　）

19. 无论其他人怎么说，很多普通人都是越过越糟，而不是越过越好。

是（　）否（　）?（　）

（*）20. 现在，你和年幼时一样幸福。

是（　）否（　）?（　）

得分方法：

带（＊）号的题，如果答“是”得2分，答“?”得1分，答“否”得0分；反之，不带（＊）号的题，答“是”得0分，答“?”得1分，答“否”得2分。将各题得分累加，算出自己的总得分。

答案：

得分为0~7分者：

你的生活满意度很低，生活中无法获得幸福感。如果想让自己幸福一点，有必要找个思想成熟的人或心理专家为自己把把脉，重新勾画和设计一下自己的生活蓝图，调整一下自己的生活方式。

得分为8~15分者：

你的生活幸福感较差，日子过得不怎么样，容易沮丧，情绪低落。要想让自己的感觉有所改变，就要检讨一下自己的观念，看看是不是目标定得太高，或是自己有严重的自卑感。

得分为16~34分者：

你的生活状态一般，和大多数人一样，生活中有喜有忧。

得分为35~40分者：

你的生活满意度指数比较高。你不一定是富人，或有地位的人，但你的心态很好。

第三章

禅修、入定，打开通往觉悟智慧的大门

任何一个专心修习的人，都能从平实的修习中逐渐体会到富有意义的觉悟真理。当你入定时，呼吸会由粗变细、心念会由粗变细，整个人也会体会到人生的乐趣。要想打开通往觉悟智慧的大门，就要不断禅修、不断入定！

不要沉溺于表象——破无常，见本体

信为功德之母。如果我们学佛的人没有正信，我们的修行就必然会出差错。

——《华严经》

眼见为实只是一种假象。心理学家认为人对外境的认识、把握都是主观意识的表象，是经过感知的外界事物在头脑中再现的形象。我们认识世界都是从感观来感受外界的现象，通过主观来了解外在事物。

虽然外部的世界需要我们去了解和发现，但是如果沉溺于表面现象，就会被假象所迷惑，不能从本质来把握外在事物，只有用心发现本源，才能洞察本体。

有个禅师，养了一只猫。这只猫很喜欢禅师，每时每刻都跟着他。因此每当禅师打坐的时候，都要提前将猫赶出房间，因为猫经常抓他，不能让他安心。后来，禅师离开了人世，他的大弟子继位。

为了保持“法脉”的传承，大弟子每天打坐前都要找到这只猫，然后把猫赶出去。在外人看来，大弟子和师父的行为是一样的，他们的“传承”是相同的。

其实，这只猫根本就不喜欢新主人。

我们不能以外表看人，以外表看事，行为相同，结果不同。净空法师指出：人家内在的那个功夫，几个人能看透？别看他外表邋邋遢遢，连早晚功课都不做，不像个样子，但是人家真修行，心真清净，临终一着，示现给人看出来了。我们凡夫没有慧眼，从外在观察人，所以往往会看错。

佛教的无常观是源于其对世间诸现象的观察所得，世间之一切现象，如生老病死、从年轻到衰老都是在变化的，人的外表与内心也都在不断变化，转瞬即逝，物是人非。

社会时刻处于不停地变化中，人们忙忙碌碌地“打拼”着，很少有人会静下心来想一想到底是为什么？有人会想迫于生计才会劳动，这种悲观的人生观让自己疲于劳动，降低了自身生活的质量和幸福感。

浮华的人生会让我们看不清自己，更看不懂世界，心浮于世。佛教就是让我们修心、净心的，告诉我们要懂得求善、求真，要把握做人的根本。正所谓：破无常，见本体。任何事物都存在虚与实，虚就是表象，实就是本原，佛教教我们用理智来认清凡事的苦空无常的现象，认清事态的本质。

当你经过一番修行开悟解脱后，会发现世间的一切表象背后都有一些实体，虽然表象变化不定，但“体性”没有变，你可以“证悟”到自己的体性不变，也可以“领悟”到这些相是由“本性”所生。比如，《西游记》中有一种人参果，吃了它人可以长生不老。现实中的人就会为了求得长生不老而苦苦寻觅良药，但是生老病死是生物自然规律，这种努力却是徒劳的。

我们常说爱情是美好的，渴望浪漫的爱情世界。一个人对爱情的态度决定了生活的质量。积极的人认为爱情是美好婚姻的开端；消极的人认为婚姻是爱情的殿堂。佛教认为一切随缘。爱情是双方你情我愿的事，不可以强求，正所谓强扭的瓜不甜。陷入爱情旋涡的人，容易被甜言蜜语和对方外表所诱惑，冲动是魔鬼，冲动就会受到惩罚。

爱是什么？这个问题谁又认真地思考过。俄国著名诗人普希金在《理智与爱情》一诗中写道：……眼里充满了缱绻之情……愿你幸福！爱神对她低声说，而理智呢？理智已经沉默。爱情是一种感情的自我感受，也是人生一件很重要的事情。我们既不能被爱情冲昏了头，也不能被爱情吓坏了胆。放手去爱，寻找属于自己的真爱。

有个老大爷，一辈子心善如一，对任何人都怀有善意，对佛学很感兴趣。可是却很固执，不愿意反思自己。遇到受骗上当的事，总是一笑而过，从不放在心上。家里人为此也经常抱怨他为什么不吸取教训，可是他却说我心从善，以善度人。

有一次，老大爷上街买菜，看到在菜市场门口围了一群人，于是老大爷也上前一看。原来是母女二人在向过往行人乞讨，老大爷看着母女二人穷酸的样子动了恻隐之心，掏出身上大部分钱给了她们。

有旁人却说："老大爷真傻，现在社会上好多人都是利用这种手段骗取众人同情。"

老大爷很不高兴，反驳说："大家如果都这么想，社会还能有好风气吗？扶危济困，助人为乐是中华民族的美德。"

过了几天，老大爷还是像往常一样上街买菜，同样是在那个菜市场口围了一群人，还有警察和工商人员在那里。上前一打听，发现他资助的那对母女经群众举报被抓了，原来她们是专门骗钱的团伙，专门抓住一些人同情弱者的心理来骗财。

老大爷又气又无奈，想不通自己为何又上当了。

生活中这样的事情其实很多。善良是一种美德，可是一味地善良，不辨是非，就像《西游记》中的唐僧一样，被假象所迷惑，罪过也。佛教讲：善有善报，恶有恶报。但是不明事理则不能开悟。有一位诗人说过，假如你被生活所骗，那你就是不懂生活。生活是一门艺术，更需要慧眼识真。

假象是一种我们常会遇到的情况，是事物表现出来的一种真实的现象。古希腊哲学家柏拉图在他的《理想国》里曾经有个比喻——洞穴比喻，光的反射与折射会让我们产生错觉。我们认识世界的过程就是从假象中找到真相。

科学是解决一切悬念的最有力的法宝。不论是神学，还是佛学，通过科学的逻辑推理和分析，可以找到准确的解释。在当前社会快速发展的今天，科学与理性让人们认识到世间万物的自然规律，通过科学的探索来取得理想的结果。心理学家指出：心态决定处事的结果。如果我们盲目自信或猜疑，必然导致不利的结果。

学习就是很好的修身养性。活到老，学到老，学无止境。知识就是改造我们的有力工具，通过掌握科学的知识，为我们提供解决问题的办法。美国著名学者杜威曾指出："学习是基于真实世界（真实情境）中的体验。"学习会让我们头脑更清醒，做事更理性。从一切假象中看到本质才能有觉悟。

杨安觉醒秘籍

☆ 一切现象虽变幻无常，却不离本体。

☆ 世界不是自我的，无我才能看清世界。

☆ 只有学到科学知识，才能解开谜团。

☆ 眼见不一定为实，唯物才能求实。

忘掉自我——在入定中摆脱烦恼

凝然坦荡绝边中，能所双忘真大同。者里虽无人作主，别来记得似晴空。

——《短笛集》

我们经常会遇到烦恼。有了烦恼，如果不能解脱，精神就会受到压抑，久而久之，生活在烦恼的苦闷世界里，整个人就会变得消沉。有时候，烦恼就像一把枷锁，把精神控制住不能自解，自我意识受到压制。只有忘掉自我，走出烦恼的怪圈，世界才会重现光明。

烦恼很多时候是我们自找的，对未来缺少把控能力，带有一种恐慌的心理。

有一位心理学家曾做过一个很有意思的实验。他找来一群做实验的对象，让这些人把以后一个星期内可能的烦恼都写在纸条上，放进烦恼箱里。过了一星期后，打开箱子，这些参加实验的人发现他们所写的烦恼有九成都没有发生。可见，烦恼不是上天专门要针对某个人而故意要嫁祸于人，而是人自己想象出来的。

心理学家通个实验为我们揭示出一个问题，那就是“烦恼是自找的”。虽然不是所有烦恼都是我们的假想，但是可以说 90% 的烦恼都是人为制造的。心理学家把这种预设的烦恼称为心理失衡。当一个人处于封闭的环境下，精神状态处于低落的时候，思想就会发生改变，继而容易产生假想。

一天，一位学生问苏格拉底："请告诉我，为什么我从未见过您蹙额皱眉，您的心情总是那么好呢？"

苏格拉底答道："因为我没有那种失去了它，就使我感到遗憾的东西。"

古希腊著名的哲学家苏格拉底的回答让我们明白：淡定如若，心中无我。在生活中，很多人为了功名利禄而钩心斗角、尔虞我诈，弄得一头烦恼，打破了生活的宁静，失掉了生活的乐趣。心净则开，佛家讲"无我"，就是要世人放下"自我"的固执，把心放下，把眼看开。当我们能坦然面对现实，对得与失能坦然接受，那我们就会淡定自若，烦恼就会自然远离。

佛家讲求无我，就是一种自我摆脱精神束缚的境界和方法。圣严法师指出：凡是有我，一定不离烦恼。假如不把我考虑进去，烦恼就会离你而去，即得解脱。烦恼是破坏我们生活的绊脚石，是影响我们身心健康的毒瘤。

我们为什么不远离烦恼呢？把快乐留给自己，也留给他人。以平常心看待人间冷暖，以退一步海阔天空的心态对待生活，那么你的世界就会处处充满生机。

有个年轻人整天闷闷不乐，愁眉苦脸。他在单位里，看到同事们比他优秀，就充满嫉妒；在亲戚里，只要听到哪位同龄的人比他强，他就很不高兴，觉得这是在贬低自己；看到别人笑，就认为是在嘲笑他。总之，在他的世界里，别人都是他的敌人，就是在跟他作对。

其实他也很苦恼，不知道为什么活得这么累，想高兴也乐不起来，觉得自己的世界没有色彩，面对的人都心怀叵测。由于这种心理，他不愿意与他人交流，身边也没有好朋友。

看到别人都能跟自己的朋友畅谈，可是自己只能静静发呆。甚至他觉得自己来到这个世界是多余的，好像自己是另类一样，不受人欢迎。

有一天，他独自在大街上闲逛，看到一位眼睛失明的老人在拉二胡，一群人围着看，有好心人还掏出钱放在准备好的箱子里。他站在一旁，静静地听着老人拉的二胡曲子，被深深地吸引住了。他难以想象老人失明还能拉出这么动听的曲子。

这位年轻人问老人："大爷，你都这么大年纪了，还在街上拉二胡为生，你不担心以后会怎样吗?"

老人笑一笑，回答道："年轻人，看来你比我还愁呢？你看，我每天在这里拉二胡，这么多好心人给我钱帮助我，我感激都来不及，为什么还要发愁呢？虽然我失明了，可是老天照顾我，身体可好呢。"

听了老人的一番话，年轻人被老人的乐观精神所感动，说了一句"谢谢"，临走时又给老人的钱箱里投入了一些钱。

生活中这样的事情其实很多。生活就像一面镜子，你对它笑，里面的人也会对你笑；你对它怒，它也会无情地怒视你。我们的苦恼来自自身的杂念太多，失去了目标和方向。佛教所传递的思想总结起来就是清净和利他。清净就是没有烦恼，没有杂念；利他就是为众生服务。当我们不再停留于自我的小世界里，来到大众之中，心境自然会开朗。

当你从浮尘中入定，就会打开心门。印乐法师告诉我们，修佛的必由之路是由戒入定，由定生慧。佛教中的“入定”是指身心跟整个宇宙化成一体。定中境界如是，跟虚空、跟法界、跟刹土、跟众生融成一体，那是至高无上的享受。在入定后，你的精神世界充满了生气，不再为人世间的种种杂念所干扰。

有人想不通，为什么自己不能如愿，总在自己的小世界自寻烦恼。他们不能净心，心中有我。当你在自我的世界中挣扎，实际上是在为你的利益争取。妙祥法师指出，我们想了脱生死，想摆脱痛苦，首先我们就要不追求，不要执着，把自己彻底放开。当你把自己从精神枷锁中解脱后，你的苦与愁都会消除。

杨安觉醒秘籍

☆ 如果你不给自己烦恼，别人也永远不可能给你烦恼。

☆ 情执是苦恼的原因，放下情执，你才能得到自在。

☆ 想要摆脱烦恼，就要学会忘掉自我。

☆ 自我不是独我，无我才能真自我。

宁静守一——用坐禅来获取心中的宁静

看清了万法无常的真相，就会修行奢摩他，背离动相，回归本来的宁静。

——永嘉大师

当你心境不安时，可以用坐禅来获得心灵的宁静。有人说坐禅的方法，自梁代菩提达摩来华之后，始盛行于中国，其实早在东汉末年即盛行。在佛家高僧看来，禅是一种不可言说的经。太虚法师曾经指出，“中国佛学的特质在禅”。禅学文化博大精深，是众信徒毕生追求的信仰。

“禅”是佛学的灵魂，可以开拓人的心灵，启迪人的心智，引导人进入更超脱、自由的世界。中国文化的底蕴在禅，禅学是一门普度众生的经。圣严法师告诉我们：禅既是普遍，而且永恒的存在，所以它用不着任何人来传授；需要传授的，乃是如何亲自体验这个禅的方法而已。

佛学讲究修心，当心境被人世间的嘈杂所染后，心灵就会不纯洁，需要用禅道来净化心灵。在禅门里有一警语：“念佛一句，漱口三天。”禅是自我修来的，只有通过自己的努力，才能获得佛的庇护。

我们整天疲于奔波，可是谁又能看懂人生呢？有位禅师说：“你的人生是什么？”这种问题，对于一般人是不容易看懂的，人们辛苦地奔波，饱暖之外，又要求种种物欲；物质可以丰富生活，却也常会枯萎了心灵；口腹之欲满足了，却往往反而闭锁了本具的智慧。当不能将自我从思想的囚笼里解脱出来，就会陷入不安。

人们的日常生活，完全在一种不自觉的意识下被向前推动着。弗洛伊德认为，无意识“是一种不能为意识所知的特殊心理活动”。人们往往感觉到，虽然拥有了前人所梦想不到的物质生活，却也失去了最宝贵的心灵自我。这是现时代的人类的悲剧。

事实上，人们也逐渐地觉察到这一危机，也曾设想了许多补救的办法，社会哲学家也提出了改良的方案，虽是改善了一部分，但对整个泛滥的洪流，似乎也无济于事。

宋朝时，大慧宗杲禅师要道谦外出参学，道谦不肯，后来宗元与他同往。宗元曾告诉他说，有五件事别人不能帮忙：走路、吃饭、饥、渴、排泄。

有人问赵州禅师道：“怎样参禅才能悟道？”

赵州禅师听后，站起来，说道：“我要去厕所小便。”

赵州禅师走了两步，停下来，又说道：“你看这么一点小事，也得我自己去！”

求法也如是，别人何尝帮得上忙？道谦恍然大悟。

这个故事反映出禅门的教学态度。禅师们常常将其弟子逼到思想或意识领域的死角，然后要他们各觅生路。在这种情形之下，如果能够冲破这一关，呈现眼前的则是一片海阔天空，成佛见性就在此一举。

“丈夫自有冲天志，不向如来行处行”，这种披荆斩棘的创发宏愿，在禅门中可说是教学的基本宗旨。不要被别人牵着鼻子走，在修持上独立承担，自我追寻，自我完成，这是禅的最大特色。

禅是佛家修行的一种工具。当你掌握了这个工具，你就会运用自如。可是现实生活中，很多人当心神不安时，却不知道通过坐禅可以化解心中的烦恼。

有个年轻人，在生活上遇到不如意的事，自己总是解不开心中的烦恼。听朋友说，可以去寺院烧香来化解压力。于是他就来到了一家寺院。正好一群僧人正在坐禅。他很好奇地在门外看。心想，坐在那里长时间的念经，他们就不会厌烦吗?

带着好奇心，他向一位法师请教。法师笑一笑，说道：“看来你的心境不开。你看到僧侣们坐禅很枯燥，但是正因为坐禅才能让心更净，这是佛家的根本。”

那位年轻人又发问：“那什么是禅呢?”

法师说道：“禅在于心。”

法师看出来那名年轻人有心事，于是问：“年轻人，你是不是有心事?”年轻人坦诚地告诉法师，自己在工作中感到压力很大，上司总是不满意自己的工作，担心被辞退。于是心情很烦闷，总也不能摆脱这种压力，想来这里解脱一下。

法师看到这名年轻人很诚恳的样子，也想给他一些开导。于是送给他一本《禅学》，告诉他有时间看一看，坐禅可以修心，相信对你会有帮助的。

后来，那名年轻人认真地看了法师送给他的那本书，对禅学有了更深的了解，成为一名居士。他每天都会抽出时间坐禅，使自己的心境大开，心中的烦恼也渐渐化解。

生活中这样的事情其实很多。有人说，活着就是一种受苦。其实，人生与生物界的一切都是密切相关的，当你不懂得其理，就会失去方向，不知道如何来应对。人随着年龄的增长，心境也会不断变化。只有通过不断地修身净心，才能获得心境的平衡。

人都要有一定的信仰，这是人性所必需的。对于佛教徒来说，学禅也要有悟性。我们常说学佛要靠缘分。当你真心入佛门，看到了佛法的力量，就会真心来修心。中国佛教协会会长赵朴初指出：禅是一面镜，它可以照亮人的心境；禅是一盏灯，它可以指引人的心路。当你用禅来修心就会眼前一亮，心境大开。

杨安觉醒秘籍

☆ 禅其实就是一杯静心茶，有时间就来品一品。

☆ 心灵需要用禅来修复。

☆ 内心如果平静，外在就不会有风波。

☆ 静以修身，俭以养德，非淡泊无以明志，非宁静无以致远。

我为众生，众生为我——打破小我的局限

佛教的无我，是反对执着于小我，否定假我、私我。

——《佛性与涅槃》

佛教通常用三种方式来看待自我：小我、大我、无我。大多数人都把日常的自我当成真正的自我，其实根本就不是这样。一般人通常所认为的自我，就是佛教所说的“小我”。“小我”会使我们不断地评量自己的感受并加以判断：“这是我的城镇、我的朋友、我的配偶、我的处境、我的观点、我的感觉。”

在我们身边很多人都存在着过于浓厚的自我中心观念，凡事只希望满足自己的欲望，要求人人为己，置别人的需求于度外，不愿为别人做半点牺牲，不关心他人痛痒，自私自利，损人利己。这样的人一般都要求所有的人都以他为中心，恨不得让地球都围绕他的意愿转，服从于他。在他们的心目中充满了自我，唯独没有他人，走向了“以自我为中心”的极端。

有个农夫经营着一个不小的农场。和他生活的，还有一头牛和一匹马。

春天的时候，牛会为农夫耕田犁地；秋天的时候，牛还会拉车运粮。平时，牛还要推碾子拉磨。牛每天都是忙忙碌碌的。可是，那匹马却清闲多了！当春花开放的时候，它便会载着农

夫穿过绿绿的田野。秋天来了，农夫会牵着马在白桦林中散步。

马住在马厩里，里面的既有干草，还点着马灯。牛住在牛棚里，里面的草总是湿乎乎的，为牛照明的只有天上的寒星。马觉得自己很优越，而不愿答理牛。

有一天，农夫一个人进城了。牛找到马说："兄弟，我这几天很累，又患了重感冒，浑身无力，明天你能不能帮我拉一下车？"马看了看牛，扬起眉毛说："真是天大的笑话！你什么时候见我拉过车啊？快点离开，懒得理你！"牛无奈地走开了。

第二天，农夫回来后，便套上牛，去十里远的山上收牧草了。因为他听说，这几天会有大风雪。整整一天，牛拖着病体，拉着车子，一趟一趟地把牧草从很远的地方运回来。

傍晚的时候，果然变天了。大风呼呼地刮着，牧草嗞嗞作响，车子摇摇晃晃。一阵最寒冷最强劲的风刮过后，老牛、车子、牧草，还有农夫，统统进了山边的深沟里。

幸运的是，农夫被一个过路人发现了。农夫被送回了家，治好了伤。农夫感激不尽，把自己的马作为礼物送给了那个人。

马被牵走的时候忽然意识到，如果自己当初帮一下牛，牛的身体就会好一点，就不会因身体瘦弱而被大风吹进深沟，自己也就不会被送人了。

故事中，马之所以会决绝帮助牛，其实就是"小我"在作祟！无独有偶！

在一条船上，有三个人：一个叫贪婪，一个叫嫉妒，一个叫自私，三个人各怀鬼胎。贪婪一直都在想着如何将这条船上的财宝据为己有；嫉妒一心想着如何成为这条船上的船长；自私则想着如何除掉那两个同伴。可是，这些终究是他们自己的想法，并没有付诸实施。

这天，船在行驶途中，遇到了海盗。三个人跪着求饶，海盗说："给你们一个机会，说说不杀你们的理由。谁的理由充分，就放谁一条生路。"

贪婪说："我家里有很多财宝，如果放了我，我会领你们去。"

嫉妒说："我的运气总是不好，别人都比我强，你们就可怜可怜我吧。"

自私说："他们两个人都在撒谎！贪婪的家里虽然有财宝，但把你们引上岸之后，他会报告官府来抓你们。嫉妒之所以要这样说，主要是为了博得你们的同情。"

海盗对自私很满意，说："好，幸亏有你！"当时就把贪婪和嫉妒推到了河里。

接着，自私说："我想投奔你们，和你们一样当海盗。"

海盗拍着他的肩膀说："不错！可是，你连自己的同伴都能出卖，又怎么不会出卖我们？"说完，海盗就把自私推到了河里。

贪婪、嫉妒、自私都是人身体里的海盗，它们会掳走你所有美好的东西，包括生命。

许多人把"我"当成了自己，以为自己就是"我"，由此而自以为是，做事想当然，结果事与愿违，怨天尤人。其实，"我"有两层意思，一是代表自由自在，二是代表主宰一切。明白了这个道理，“我”就不是指自己了。只有弄明白“我”不是我，人在做一些事时才不至于糊涂到“关起门来当皇帝”。

所谓的“小我”，指的是个体的人，凡事先想对自己是否有利；“大我”是指一个群体，与“大家”异曲同工。以自我为中心的“小我”，很少会顾及他人的感受，不管做什么都是“单枪匹马”，心有余而力不足，大事做不来，小事不愿做，一事无成。合力做事是“大我”，受益无穷。

遇到问题时，“小我”会与对方发生争论，把责任推给对方；“大我”会主动分析问题，不推卸责任，以此作为对自己的考验和历练。“小我”会越来越小，直至消亡；“大我”会越来越大，成长为“无我”。当我们达到“无我”的状态时，就能忘掉自己，普度众生。

杨安觉醒秘籍

☆ 只有像爱自己一样去爱宇宙万物，才能真正修复自己的灵性，提升自己的智慧。

☆ 小我是心灵的自卑，大我是精神的超越。

☆ 自私是人的第一天性。

☆ 脚踏实地地努力，一步一步地接近目标。成功的一天，就是甩开小我，实现大我的一天。

淡定——生活中应常常保持“三不”的状态

修行修什么？修心。念佛念什么？念心。

——佛语经典

淡定不是平庸，而是一种生活态度，是智慧的不争，是宠辱不惊，是对简单生活的一种追求。淡定，不是看破红尘、不思进取，而是经过岁月磨砺后的沉稳含蓄。淡定，不是不屑一顾，只是少了份热烈，多了份稳重。

有一个人十多年前开始做生意，资产一度达到数千万元。但是由于一次质量事故，砸了牌子，企业一度濒临倒闭。

这个人是个乐天派，每天照样乐呵呵的。一位朋友对他说：“你表面上装得像没事人一样，但我知道你心里很苦，你可以哭出来，对身体有好处。”

这个人听了朋友的话，一本正经地说：“十多年前，我靠一万元起家，开创了这番事业。现在，我比十多年前强多了，至少我拥有了经验和人缘。所以，我不想哭，也没必要哭。”

这个人开始从容地四处筹款，很多生意伙伴慷慨解囊，企业很快就重新运转起来。

不久之后，这个人又遇到了那位朋友。闲聊时，这个人说：“我找朋友们借钱时，实事求是地告诉他们，我现在是个穷光蛋，借的钱不知道啥时能还，但他们没一个相信，反而说我在开玩笑。”

也许，正是他的淡定神情，才消除了生意伙伴的顾虑。正是他面临危难时的镇定自若，让朋友们对他的崛起深信不疑。如果他摆出一副垂头丧气、一蹶不振的模样，那么，恐怕谁也不敢借给他钱了。

淡定，是内在心态修炼到一定程度所呈现出来的从容与优雅。平淡对待得失，冷眼看尽繁华。

心态淡定的人，凡事都不会太认真，不会太过强求，一切随缘，顺其自然。因为他们相信，命里有时终须有，命里无时莫强求。

在战乱不断的社会中，秦朝丞相吕不韦为了占得一席之地，开始了他一生最了不起的计划：把流落到赵国做人质的“异人”扶上皇位。

为了这个计划，吕不韦付出了很多代价。不仅搭上了自己经商多年所有的积蓄，还把自己的爱妾赵姬献给了异人。最后，吕不韦的心愿达成，成了一人之下、万人之上的秦国丞相。

异人死后，年少的嬴政还没有执掌大权，吕不韦更是一手遮天，朝中无人不畏惧他，这样的地位，谁不羡慕？

吕不韦就这样争了一辈子，斗了一辈子，结果不知收敛，被大权在握的嬴政赐毒酒而死，这又何必？

和“采菊东篱下，悠然见南山”的陶潜比起来，差距更是显而易见！陶潜虽然曾经也在官场经历过尔虞我诈、钩心斗角的生活，但最后他却拿起了锄头，过起了日出而作日落而息的生活，在山水田园中度过了余生。

人生就是这样，不管你曾经多么辉煌，多么不可一世，终究会发现人生需要的是平淡，需要的是淡定。吃遍山珍海味之后，吃一碗白稀饭、一块豆腐，那才是最真实的味道。

淡定是一种好心境，只有那些心态平和、成熟沉稳的人才能做到；淡定是一种大智慧，只有那些理性从容、不骄不躁的人才能做到。

淡定是我们获得幸福、快乐、成功的关键！只有淡定才会使你泰然处之，不会太过兴奋而忘乎所以，不会太过悲伤而痛不欲生！

淡定的人，行事从容、沉稳、平淡、真实，没有太多、太重的物欲奢望。得之坦然、失之淡然，争其必然、顺其自然。

淡定的人，会在世事的牵累、终日的忙碌中，偷出空闲，滋养自己，用自己的淡然去呵护心灵，呈现出来的定是阳光的笑容、端庄的气度、深厚的内涵。

淡定的人，知道爱恨情仇，恩怨得失，虽然无法忘记，但可以宽恕对方，让一切慢慢沉淀在记忆里，让那些记忆从心灵到坟墓。

淡定的人，明白什么是爱，什么不是爱，什么属于自己，什么不属于自己。

淡定的人，会善待生命，沉稳而不缺少热情，淡然而不缺少善良。

淡定的人，总能以微笑面对困难、面对环境，不为日常琐事而计较，不为生活的压力而焦虑，不为儿女情长的善变而忧郁。

淡定时，即使内心“吹皱一池春水”，外表也会波澜不惊。

淡定时，即使面临十万火急的事情，也会从容不迫。

淡定时，不再浮躁，不再狰狞于世事。

淡定时，不再孜孜于“蜗角虚名，蝇头微利”。

淡定时，说话做事会经过相对严密的思考。

当我们遭遇困境的时候，要让自己安静、安静、再安静！因为只有静下来，才能理性地看待世事，才能理性看待自己，才能让自己不会因为生活的一时波澜而乱了方寸，偏了轨道！

杨安觉醒秘籍

☆ 淡定，更不容易“言多必失”。

☆ 淡定，看上去更沉稳。

☆ 淡定，就不会“喜怒形于色”。

☆ 淡定，自己会更有魅力。

自律——用规则引导生活

自律是一种秩序，一种对于快乐与欲望的控制。

——柏拉图

俗话说得好："金无足赤，人无完人。"世界上没有十全十美的人，每个人都会有缺点错误。只有自律的人才会经常检查自己，纠正错误，改正缺点。有错误和缺点不可怕，可怕的是无视它，不去改正它。

自律的人，通常都懂得自爱，勇于自省，善于自控。一个人能够自律，说明其修养已达到较高的境界。

在美国一所大学的日文班里，突然出现了一个老太太。开始的时候，大家并没感到奇怪。因为在这个国度里，人人都可以选择自己开心的事做。

可是，一段时间之后，人们发现这个老太太之所以要来这里，并不是为了填补退休后的空虚。每天清晨她总是第一个来到教室，温习功课，认真地跟着老师阅读。老师提问时，她也会出一脑袋汗。每次考试前，老太太更是紧张兮兮地复习、补课。

一天上课的时候，老教授对年轻人们说："做父母的一定要自律才能教育好孩子，你们可以问问这位令人尊敬的女士，她一定有一群有教养的孩子。”

经过了解，果不其然！这位老太太叫朱木兰，她的女儿是美国第一位华裔女部长——赵小兰。

自律是一种信仰、一种素质、一种觉悟、一种自爱、一种自省，更是一种自警。卡皮耶夫说：“思想和格言可以美化灵魂，正如鲜花可以美化房间一样。”要想做一名有益于社会的人，就要针对自己的实际，选择相关的名言、警句、格言，作为自己的座右铭，用以勉励自己，提醒自己，警示自己。

东汉年间，出了个有名的清官，叫杨震。任荆州刺史时，杨震发现一个叫王密的人才华出众，便向朝廷举荐。

朝廷接受了杨震的举荐，委任王密为昌邑（今山东金像贤）令。王密对杨震十分感激。私下拜会杨震，执意要送上十两黄金表示谢意和感激，并低声说：“晚上，没有人知道，您就放心收下吧！”

杨震脸色阴沉，斥责道：“你送黄金给我，天知、地知、你知、我知，怎么能说无人知道呢？自古以来，君子慎独，怎么能做出违背道德的事情呢？”

一席话，说得王密羞愧难当，急忙起身谢罪，收起金子走了。

伟大的诗人歌德曾经告诫人们：无论做任何事情，自律至关重要。自我节制，自我约束，是一种控制能力，尤其控制人们的性格和欲望，一旦失控，变得随心所欲，结局必将一败涂地，不可收拾。

自律，是一个很严肃的词语。对于每一个还想保持幼稚的人来说，这个词语显得格外有难度。自律是一个人进入成功之门的一张必需的门票，否则，终究一事无成！

想要改变生活，不能从靠别人的施舍开始，真正的起点是成为一个高度自律的人。自律代表一个人具有某种精神，这种精神显示出这个人的品质级别，越是懂得自律的人，其显现的品质就越卓著，赢的概率就越高。

不要把别人的原谅当饭吃，不要把别人的理解当靠山，原谅你的人，其实就是对你失望没有信心的人！自律，是唯一成熟之路，也是唯一可以迈向成功的钥匙。

自律是一种内心的强大，也是一种灵魂深处的自信。

自律意识强的人，内心都是强大的。他们始终坚信自己，也充分信任别人。他们信奉：只要树根牢，不怕梢头摇。他们坚信：静水深流，真水无香。他们崇尚：素面朝天，顶天立地。他们从不随波逐流，更不见异思迁。

自律是一种责任的担当，也是一种自我完善的净化。

对亲情，自律是一种责任；对爱情，自律是一种担当；对友情，自律是一种诠释。只有严格的自律，才会让灵魂冰清玉洁，才会让思想心无旁骛，才会让观念清新自然。一个自律意识强的人，才会专注于亲情，才能专心于爱情，才能让友情锦上添花。

杨安觉醒秘籍

☆ 阻碍自己前进的敌人，往往是自己。

☆ 一次次的放松与懈怠的累积，会演变为顽固不化的恶习。

☆ 三心二意，不严于自律，终将一事无成。

☆ 即使你的力量很小，但如果拥有坚毅的自制力，锲而不舍，也会征服高峰。

小测试——你的心态积极吗

在日常工作或者人际交往中，一个人的言行常常是心态和影响力的反应，会影响人际关系和幸福指标。这个量表可以用来了解自己的积极影响能力，请根据目前自己的实际情况如实回答“是”或“否”，并填在题后的（　）里。

1. 在过去的24小时里，你为一个人提供过帮助。（　）
2. 你是一个非常有礼貌的人。（　）
3. 你比较喜欢与心态积极的人相处。（　）
4. 在过去的24小时，你对一个人进行过夸奖。（　）
5. 你能让别人心情愉快，这是你的一项本领。（　）
6. 与心态积极的人在一起时，你的做事效率更高。（　）
7. 在过去的24小时里，你告诉一个人：“我对你很关心。”（　）
8. 每到一个新的地方，你都会刻意地和别人认识。（　）
9. 每次受到表扬，你都想表扬别人。（　）
10. 上星期，你听说了他人的目标和理想。（　）
11. 你能让心情不好的人发出笑声。（　）
12. 你经常会用同事喜欢的方式称呼他们。（　）
13. 对同事们的优秀表现，你非常关注。（　）
14. 见到别人时，你总是笑容满面。（　）
15. 表现优秀，及时得到表扬，使你心情舒畅。（　）

结果：

你的选择有几个“是”呢？如果你的“是”在6个以下，就说明你缺乏良好的积极影响力和人际关系。主控权在你手里，要想改善自己的积极影响力，可以有意增加以上问卷中“是”的数量。三个月以后，你的生活就会发生积极的变化。

第四章

觉悟，从寻找内心的自我开始

有什么样的内心世界，就有什么样的外界眼光。如果长期抱怨自己的处境冷漠、不公、缺少阳光，就说明自己的内心世界对自我的认知出了偏差。这个时候，要改变自己的内心，让自己的处境随之好转。因为在这个世界上，只有你自己才能决定别人看你的眼光。

人的外在活动都是内在心理活动的体现

若人欲了知，三世一切佛，应观法界性，一切唯心造。

——《华严经》

佛曰：“世事无相，相由心生。可见之物，实为非物，可感之事，实为非事。物事皆空，实为心瘴，俗人之心，处处皆狱，唯有化世，堪为无我。我即为世，世即为我。命由己造，相由心生，世间万物皆是化相，心不动，万物皆不动，心不变，万物皆不变。”

据说，唐朝的裴度年轻的时候贫困潦倒。一天，在路上行走的时候，裴度遇到了一行禅师。大师看了裴度的脸相后，发现裴度嘴角纵纹已经延伸到了嘴角的地方，觉得他会饿死，就劝勉裴度要努力修善。

裴度按照一行禅师的嘱咐，每天都做些善事。在后来的一天，裴度又遇到了一行禅师。这时候的裴度目光澄澈，脸相已经完全改变，一行禅师告诉他说：“一定可以贵为宰相。”

按照大师的说法，裴度前后脸相之所以会出现不同的变化，主要就是因为其不断修善、断恶，耕耘心田，相随心转。

我们常说的外在就是人们的外在行动，内在就是人们的心理活动。也许我们以为内在和外在是两种不同的东西，它们之间没有多大的关系。事实上，内在和外在是密切相关的，人的外在活动是内在心理的表现。

在中国传统哲学中，无论是儒家、释家还是道家，都在追求真善美合一的人生最高境界。这种境界的塑造无一例外需要人类身心内外的和谐统一。

孔子提倡做人要觉悟自己的内在力量，提倡“吾日三省吾身”，并转化为“日进于德”，从而实现自我完善。禅宗认为，人如果要得到更高的智慧，主要是靠自己觉悟，就是通常所说的“识心见性”，“见性成佛”。

中国佛教的发展摒弃了大量佛学原有的礼仪，向佛礼佛的卓越禅宗智者们更是摒弃了一切宗教宣扬教义、固定的仪式、必须遵守的戒律和礼拜的对象等。禅宗智者们认为许愿成佛的人如果想要达到涅槃境界只能靠自己心的觉悟，即所谓“一念觉，即佛；一念迷，即众生”。这就是说，人成佛达到超越的境界的外在表现完全取决于其内在本心的作用的结果。

西方心理学同样认为，“外在的客体关系被内化，会形成我们人格的一部分，外在的家庭沟通模式内化，会成为现实中我们与自己或他人沟通的基础；童年的创伤被内化，会成为我们成年后生活悲剧的重演。另外，被我们内化了的内在世界又无时无刻不投射出来，变成我们创造的外在世界。”

佛曰：“色不异空，空不异色。色即是空，空即是色。”内在的心理与外在的行动都是一个统一的整体，就像是人与自己的影子。如果用高明的智慧来看待，人的心就如同事物本身，而人的行动就如同事物的影子，没有事物本身就不会有事物的影子，有影子存在就会有事物本身的存在。

人的外在活动是人的心理的体现，如果能够认识自己，把握自己的思想行动，做自己的主人，就能得到真正的觉悟。

以前有一位名声显赫的画家，由于画技精湛而备受大家的赞美。然而这位画家没有被众人的崇拜而沾沾自喜，不思上进。在他的内心深处仍然希望自己更上一层楼。他决定创作一幅举世无双的佛陀画像，来成全自己的美好愿望。

思想化作了行动，画家凭借自己一颗坚定的心，花费很长的时间，去寻找一尊完美的佛陀。因为佛陀并没有真实形象，他的样貌都是人们想象中的传言。

功夫不负有心人，最后画家终于找到一位长得面善心慈，看起来也十分庄严的年轻人，画家觉得这位年轻人的形象就是他想表达的圣人形象。于是，他花重金聘请这位年轻人当自己的模特儿。当这幅旷世之作完成、展出时，的确震撼了整个艺术界。

大家都对画家的恒心与画技感叹不已，画家的名气更是举世闻名。过了一段时间后，画家的内心深处又酝酿出别的想法，画家又想：如何让佛像显得庄严神圣、完美无缺，最好的方法就是用最丑陋的形象与之比较；佛是最庄严的，而恶魔最丑陋的，那么就应该画一幅最丑陋的恶魔像。

于是他开始寻找世间长得最最丑恶的人，来画人间最凶恶、让人看了就会胆战心惊的邪恶形象，最后他在监狱中找到一名死刑犯。

死刑犯的形象邪恶得让人不敢直视。当画家快要画完的时候，这名死刑犯突然哭出声来，不等画家说话，自己便道："曾几何时，我也当过你的模特儿，可是那时你画的是佛像；岁月流转，几年后的今天你画至恶的恶魔，竟然又选中我！"

这位画家听了大吃一惊，想不到他眼前的人便是曾经的"佛"，整个人都愣住了，他问："怎么会这样啊？你做了什么竟沦落到如此的地步？"

死刑犯就告诉画家："那时你画完之后给我很多钱，骤然的富贵使我忘却了心中原有的节俭勤劳以及一切美好的想法，取而代之的是吃喝玩乐的享受，慢慢地竟然沾染了吸毒、赌博，等钱花完了，自然而然萌生了抢劫、杀人的念头。做了种种罪业，遭到了今天的报应。"

这位画家听了，心潮汹涌、感慨万千，也为这位年轻人深感惋惜。

当时这位年轻人的心很纯净，装满了纯洁的善念，无私无欲，没有迷失，所以能成为画佛像的模特儿；后来因为有了钱而使心变得奢侈堕落迷失在罪恶的深渊，变成了恶魔的形象，多可怕啊！

怀有什么样的心理，就会有什么样的行动。佛由心造，恶魔地狱也是由心造成的。一切的成功失败，快乐痛苦都缘于心的不同态度。

为人要怀着一颗善良的心、仁慈的心，让自己的人生发自肺腑的真诚对待生命的高贵，用一种勤奋进取的态度对待生活、工作。坚强勇敢，永不言败，怀着一颗春天般的心态，就算是历经冬天的萧条与残败，一样也有无限希望在心中萌生。

人的内在心理决定人的外在表现，如果有一颗向善的心，便会体会到世间的温馨情谊，人与人的友爱。如果怀有一颗进取的心，便会在行动上保持积极主动，生活上更能够积极主动，不会把时间付诸流水，也不会无所事事蹉跎岁月。

杨安觉醒秘籍

☆ 让自己怀着一颗善良的心，对待周围的每一个人。

☆ 让自己怀着一颗勤奋进取的心，对待生活与工作。

☆ 让自己怀着一颗感恩的心，来迎接每一天。

学会理性分析，拆解情绪

解脱是彻底明白，是大智慧，是会解决、处理家庭、工作中的各种矛盾和问题。

——佛语经典

当今社会，要想赢取成功，得到胜利，不仅要求人本身具有高超的智商，还要求具有高超的情商。然而在面对情绪的时候，人们往往会陷入一种被情绪驱使的状态。因一时的冲动，总会做出令自己后悔不已的事情，但是事发当时，无论如何都不去在意自己的结局。这是情商低的表现。

在日常生活之中，有人常常说一些比如："我在某某方面必须获得成功"，"别人必须要态度谦和地对待我" 等。怀有这样以自己为中心的信念的人极易陷入一种情绪困扰之中。因为事物的发生、发展都有其自身规律，人的意志无法将其转移。

其实这就是不理性分析问题，容易把自己置于被动失落的情绪之中的表现。对于任何一个人来说，他不可能事事都获得成功；而对于外界的实物来说，运行变化遵守自有的规律。因此，当某些事情的结局与其以前的心理期许不吻合的时候或者与其对事物的绝对化要求相悖时，他们就会变得烦躁，受不了，感到无法接受、难以适应，最终陷入情绪困扰。

从前，在一个水塘里住着一只脾气暴躁的乌龟，可是它却和常来这里喝水的两只大雁成了好朋友。

有一年，天气大旱，池水干涸了。乌龟决定搬家，遥想南方水乡，正是一个绝佳的去处。只是山高路远，就怕自己走不到。于是不断唉声叹气，自怨自艾。

大雁朋友看到了，问它："怎么了？"乌龟就说了自己的想法与无奈。大雁出了一个主意：找根结实的树枝，让乌龟咬着中间，大雁各抓一端，带上乌龟去南方。但是吩咐乌龟千万不要说话。

乌龟一听，非常激动，什么要求都答应了。它们飞过翠绿的田野，蔚蓝的湖泊。地上的孩子们看见后觉得很有趣，于是拍手笑起来："你们看呀，那只乌龟多么滑稽啊。"

乌龟本来得意扬扬的，听到嘲笑后顿时大怒。开口就骂，谁知刚一张开口，就跌了下来，碰在石头上死去了。

大雁叹口气说道："坏脾气，会置己于死地呀。"

所以，我们一定要学会合理地、理性地分析事情，拆解负面情绪，激发正面情绪，让整个心灵变得光明乐观。艾利斯曾经说过："过分情绪化是不合事理的，就好像要以一本书的封面来判定其内容的好坏一样。当面对失败等极坏的结果时，往往会认为自己'一无是处'、'一钱不值'、是'废物'等。以自己一时的感情来评价自己整个人、评价自己作为人的价值，其结果常常会导致自责自罪、自卑自弃的心理及焦虑和抑郁情绪的产生。"所以，对待情绪的产生一定要进行理性的分析。

每个人或多或少都会受到情绪的影响。我们要积极主动去了解自己的心情，以便能够支配它，避免那些令人遗憾的事情的发生。每当处于情绪大起大落的压力之下的时候，应该不做出重要的决定。因为在愤怒、激动等负面情绪的影响下，我们无法细致分析事实状况，考虑欠周详，做出的决定往往是片面的。

相反地，当我们兴高采烈、扬扬得意的时候，更易思考不客观，所做出的决定往往是片面的。因此，需要花点时间先让心冷静下来，分析问题，反复思虑。只有平静的心才不会受到喜怒的影响，所做出的决定或判断才会更客观，甚至臻于完美。

道元禅师说："学佛就是学着静观自己，静观自己便是忘记自己，忘记自己就是视自己为万物之一。"

从前有一个牧羊人，养着一条忠诚的狼狗，帮自己看守羊群。这条狗高大威猛，异常厉害，常常和狼群搏斗，英勇无敌。

有一天，主人有急事出去了，将狗留在家中，守着照顾自己的幼子。当牧羊人第二天急匆匆地赶回家的时候，狗立即闻声出来迎接主人。

当他打开门的时候猛然看到满屋子血迹，顿时惊恐万分，忙跑向自己孩子的床边。发现床上已经没有了孩子的踪影，只有满床的血迹，再回头看看身边的狗，发现了满嘴角的血。

牧羊人看到这种情形，心想是狼狗狼性发作，把孩子吃掉了，顿时怨恨无比，大怒之下，拿起枪来向着狗便开了数枪，把狗杀死了。

虽然杀死了这条狗，但是自己的孩子又不会复生，正在悲恸欲绝、肝肠寸断的时候，突然听到了孩子的哭声。牧羊人连忙顺声望去，发现床底确实有动静，一看，发现孩子好端端的待在床底。

顿时牧羊人满腹疑窦，那满地的血迹又是从何而来？他赶紧把孩子抱在怀里，四处查看，顺着血迹来到了后院，发现那里死了一只狼，事情再明白不过了。一定是狗为了保护小孩子和狼搏斗，然后把狼咬死了，血迹是搏斗时留下的，而狗嘴角的鲜血正是狼的血液。

顿时牧羊人泪如雨下，后悔万分。

一时的冲动，不理智，没有看清事情的原因就盲目地发泄感情，最终造成的遗憾令自己追悔莫及，人生最痛苦的事莫过于此。

当自己面对气促勃发的时候，一定要先使自己冷静下来，让自己恢复平静，不要让自己情绪的蛟龙搅浑自己理智的湖泊。把糟糕的情绪化解掉，一点点拆解掉，不要让自己的理智被感情蒙蔽了双眼。看别人不顺眼，是自己修养还不够。人愤怒的时候，智商是零。人的优雅关键在于控制自己的情绪。

杨安觉醒秘籍

☆ 万事三思而后行。

☆ 对人要宽容。

☆ 培养自己的豁达心态。

如实看住内心的想法，找到真实的自我

弄明白自己的心叫明心，见到了自己的本性叫见性。

——佛语经典

岁月仿佛没有痕迹，如同被潮汐抚平了行人足印的沙滩，在每一个来回，都带走了无数属于曾经的记忆。如果埋头深思，过去到底留下了什么，也许只能淡淡一笑，默默说道："只是自己。"

但是如果细细思索，你就会疑问：现在的自己依然是曾经的自己吗？曾经的梦想是否还在自己的信念中闪耀，自己的热情是否一如既往地澎湃？是否随着岁月的颠簸变成了放任自流的人，是否忘却了信仰，变成了一个庸庸碌碌混日子的人？是否不会再有什么梦想，而变成了一个平庸的人？也许你会发现，一切已经并非如从前，我们已经变成了另外一个人。

很久很久以前有一条迷茫的小鱼问一条大鱼："我经常听人提起有关海的故事，对于海这个晦涩难解又近乎梦幻的概念，常常怀有一种莫名的冲动和欣喜。希望理解大海、感知大海，可是大海究竟是什么呢？是想象还是现实，是未来还是过去？"

大鱼说："你就生于海将来也会归结于海，而你却并不自知，还对大海抱有一种空虚的幻想。这样的鱼已经迷失了自己，

只能在想象中寻觅大海，而不知道自己身在大海之中，这是多么的可悲。想要去理解海，首先要寻找到自己。”

其实，我们每个人本身就在快乐幸福中，却还要东奔西走到处找幸福，把虚妄的想象纵容，让劳顿不堪的身躯在一个“为了幸福”的词汇的驱使下颠沛流离，不免荒唐至极。要想找到幸福，就要先找到自己。

当我们心中没有烦恼的时候，幸福自然就找到了。想想自己是不是那条小鱼，是不是熄灭心中的妄念，找到了自己，便会实现自己对大海的向往。

人生一世就如同匆匆过客一般，不要让身外之物左右了自己的前进方向。淡泊名利，紧握住自己心中的理想，为自己的理想人生不断奋斗，坚定意志，才可能成就大业，才懂得什么是真正的生活。

重新梳理纷乱的内心，让自己的思想归于平静，剔除平庸，把曾经的梦想之火重新点燃，让自己的信念再次变得笃定。人就是一个思想，千百万的人之所以有区别就是因为不同的人有不同的思想。我们为自己拥有自我的思想而骄傲，为自己的思想而奋斗。

坚守内心，才能成就自己的独特个性，才能走上自己的特有的道路。

怀着对昨天的厌倦，怀着对明天的期盼，一行四人决定走上未知的路途寻找自己的梦想。

有一天，长途跋涉的他们来到地势险要的山崖边。崖底是湍急的水流，山崖间有座只能容一人通过的锁桥，上面铺满了腐旧的木板，整个木桥在风中摇摆不定，看得人不寒而栗。但这就是通往山崖对面的唯一通道。

四人在岸边犹豫半天，不知是否该踏上这座危险的道路。经过一阵犹豫，其中三人终于鼓起勇气，一个接一个地踏上独木桥，凌空前行。

其中有一人顺顺利利通过；一人在桥上摇摇晃晃，好不容易才走到对面；另外一人则在走到一半时，掉落山崖，丢了性命；还有一人看到桥窄、崖高、水急，就两腿发软，始终没有勇气踏上桥。最后他在桥边搭了间茅屋，开始了百无聊赖的生活。

对于这样的结果，几个人迷惑不已，为何不同的人会有不同的结局。佛曰“心在哪里，他们的人生也就将在哪里”。

顺利过桥的人说：“彼岸才是我的目的地，险峰与我何干？急流又与我何干？不想、不听、不看，只专注于我的脚下，落脚稳健就够了。”他的目的是过桥，人和心都在桥上，心身合一，自己与桥始终保持协调一致，所以他能轻松过桥。

摇摇晃晃通过的人说：“我尽量不看山崖的险恶，不听水流的湍急，尽力克制自己心中的恐惧，一次又一次地把自己的心从谷底拉回桥上，才坚持到了最后。”他的心时而在险恶的山崖，时而在谷底的水流，时而在桥上。值得庆幸的是，他能及时把自己的心召唤回来，避免了葬身谷底的悲剧。

那个留在原地的人说：“与其要冒那么大的风险，还不如留在原地来得稳妥。”他的心在悬崖以外的安全地带，所以他留在了原地，无缘感受桥对面多彩的世界。

我们也许会为掉下去的那位感到惋惜，但是让他掉下桥的不是别的什么原因，而是他自己。他的心始终在谷底和山崖间，是他的心把他留在了那里。禅宗中有一个观点叫做“找到真正的自己”。我们身体里住着一个真正的自己，和我们的身体是有所区别的。假如我们把身体看作一所房子，那我们精神上的自己才是房子的主人，而我们往往误认为身体就是房子、就是主人。

当我们的心变了，不如从前一般的积极进取、目标明确，然后就会变成另外一个陌生的人，走出心的幸福和安逸，到达了一个没有边际的旷野，失去了前进的方向，在夜色中迷失了自己曾经的梦想。心就是一个最有灵性的载体。心在则人在，心迷则人迷。

佛曰：“心，是吾人现前一念灵知的性体，圆明寂照，不生不灭；是诸佛的法身，众生的慧命，具足一切功德智能，永离一切颠倒妄想。”

在纷繁的世尘之中，在喧嚣的城市之中，烦扰的生活让人们失去了自己最初的理想，让人们丢失了自己曾有的信念，把自己的奔波操劳当成了自己的生活，把自己迷失在了生活的海洋之中。

活着的人，在名利的旋涡中苦苦挣扎。富贵人人想求，但是对于那些不切实际的幻想，最好是厘清自己的心态。不要追逐虚幻的功名，贪婪是致祸的根源。不要被眼前的名利迷惑，忘了自己是谁，自己的理想。

心在哪里，人就在哪里。看住心中的真实想法，让自己的心专注于自己的梦想，便会感到无比的轻松自在。

杨安觉醒秘籍

☆ 少一点放纵，给心一点信仰。

☆ 少一点懈怠，给心一点执着。

☆ 少一点堕落，给心一点理想。

☆ 少一点暴躁，给心一点忍耐。

专注，不要过分地控制一些细微念头

修行不是一朝一夕的事，一定要坚持，尤其是在面临诸多障碍和干扰时，更要坚持。

——佛语经典

《荀子·劝学》中记载着一则“鼫鼠五技而穷”的故事：

田野里有一种小动物，名叫“鼫鼠”，毛色青黄，头像兔子，尾上有毛。因为它有五种本领，即会飞、会走、能游泳、能爬树，还会掘土打洞，因此有人称它为“鼫鼠”或“五技鼠”。

虽然鼫鼠熟悉这些技能，却一种也没有精通。说它会飞吧，它还飞不到屋顶上；会游泳吧，连一条小河也渡不过去；会爬树吧，又爬不到树顶；走呢，还不如人走得快；掘土打洞，竟然连自己的身体都掩盖不起来。

由此可见，从名义上看，鼫鼠学会了五种本领，但一样也不中用，这不能算它有真本领。没有专注一种技能的学习，就没有任何一种出类拔萃的技能。鼫鼠空有会五项技能的美名，却没有任何实际的作用。

人一生的时光、精力有限，在有限的时光中、有限的精力下想要造就人生巨大的成功，必须要有专注的态度，专注地完成一个目标。这就是常言所说的“要有所为，有所不为”，只有这样才会大有所为。首先选准自己的目标，然后专注地完成自己的目标。不要在意别人的成功，不要争一时之长短，计一时之得失，更不要为眼前的蝇头小利所迷惑。

常言道：绳锯木断，水滴石穿。我们该如何利用有限的时间去面对丰富的世界呢？这就需要我们有一个专注的态度、不好大喜功，贪得无厌。

人哪怕一生只做一件事，却能做好，也是值得赞美的。一生专注用心地做好一件事，这是最能成就自己，实现自己的捷径。但是专注不是死钻牛角尖，不是用固执的思维把自己逼向思维的死角，让自己失去发散自己思维的能力，变得呆滞、死板。

春秋时期，楚国有个叫养叔的人十分擅长射箭，且射技精湛，百步穿杨。楚王对他的本领十分羡慕，觉得自己如果能够学到这样的本领更能够加重自己在楚国的威望，便请养叔来教他射箭。养叔一看是楚王求教，诚惶诚恐，便把射箭的技巧倾囊相授。

楚王兴致勃勃地练习了一阵子，渐渐地得心应手，虽说不能够百步穿杨，但是五十步还是射的不是很偏。待到秋风高起，狐兔正肥，楚王便邀请养叔跟他一起打猎。楚王策马在前，众将士影从于后，旌旗招展，声威赫赫。

忽然野鸭子被马蹄声惊起，从芦苇丛里飞了出来。楚王撑臂弯弓，勾手搭箭，待要射猎时，忽然一只野兔从他的左边跳出。楚王心想，一箭射死野兔，强于射死一只鸭子！

于是，楚王转过箭头对准了野兔，正准备射它，突然又看到了梅花鹿。楚王又想，若是射中罕见的梅花鹿，价值比野兔又不知高出多少，于是楚王又把箭头对准了梅花鹿。

正在这时候“呼啦”一声从树梢飞出了一只珍贵的苍鹰，振翅往空中窜去。楚王又觉得还是射苍鹰最好。

可是楚王射技不是很精湛，当他正要瞄准苍鹰时，苍鹰已迅速地飞走了。楚王只好回头来射梅花鹿，可是梅花鹿也逃走了。只好再回头去找野兔，可是野兔也早跳走了，更不用说那一群鸭子了。

楚王拿着弓箭比画了半天，结果什么也没有射着。

因为没有专注的精神，楚王失去了所有的猎物。

荀子曰：锲而舍之，朽木不折；锲而不舍，金石可镂。蚓无爪牙之利，筋骨之强，上食埃土，下饮黄泉，用心一也。蟹六跪而二螯，非蛇鳝之穴，无可寄托者，用心躁也。

越是令人瞩目的成功，越是需要付出更大的努力，牺牲也就越大。专注的态度需要有坚毅的意志，需要有坚守着“云在青山月在楼”目标的执态度，要有忍受彻骨寂寞的勇气。不要羡慕别人小收获不断的热闹和神气，若没有这般思想准备与意志，是成不了大气候的。

庄子曾讲过这样一个故事：

钓小鱼虾的人，扛着钓竿，东奔西走，池边、河边、湖边，热闹非凡，欢天喜地，每天都能有所收获。可是有位王子却在

海边钓海鱼，他的钓钩像大铁锚，钓绳像水桶一样粗。

王子长年累月坐在海边的山上垂钓。众人嘲笑王子固执与死板，不知道变通，只是一味死撑，都过了好几年了，却一无所获。

十年过去了，王子终于钓到一条大鱼，他把鱼弄上岸，分割开来，让全国人都能享受这条鱼肉的鲜美，好长时间吃不完。

这则寓言告诉我们，不争一时之长短，大收获必须付出长时间的努力与等待。专注的态度是取得成功的最关键的条件，如果三天打鱼两天晒网，什么事也做不成。

历代成功的人士，都非常重视专注和执着的功夫。修养自己，使自己能够摒弃一切外在影响，让自己的心专注于自己的事业上，这才是成功的关键。但是不要因为一时的成败，而产生不良心态。

要宏观把握自己的目标，不要控制细微的思想，专注太过琐碎的心理，会让自己浪费更多的精力，也会浪费大量的宝贵时间，不要让自己沉溺于小事情。

杨安觉醒秘籍

☆ 少一点懒散，多一点勤奋。

☆ 少一点散漫，多一点专心。

☆ 少一点琐碎，多一点宽宏。

☆ 少一点浮躁，多一点忍耐。

反省自己存在的意义

我总觉得，生命本身应该有一种意义，我们绝不是白白来人世间一场的。生命的意义在于，你能否用自己的微小的力量去为自己的人生创造出只属于自己无可替代的奇迹。

——席慕蓉

人生漫漫，如果一个人不懂得反省，只会不断地摔倒，并且摔得更痛。只有反省才能让人避免一错再错，让人拥有勇气，进而了解自己存在的意义。

有这样一个故事：

有位得道高僧为了给学僧多讲解佛法，经常会按学僧的要求举办座谈会。在一次座谈会上，他问在场的学僧："大家在我这里参禅已经有一段时间了，是否已经找到了禅心？"

一名身材高大的学僧回答说："大师，我觉得自己已经找到了禅心。在没有参禅之前，我是个以自我为中心的人，除了自己的事情，从来都不会去关心和在意其他事情。可是现在我发现，世上的万事万物都要靠因缘才能成就。"

高僧听后，微微一笑，鼓励其他的学僧继续说。

一名身材略胖的学僧说："在过去，我是用看得见、摸得着、享受得到的标准来评判事物的，但是现在我的目光放得很长远，心胸也开阔了，我找到禅心了吗？”

高僧听后，依旧微微一笑。

之后，一名身材瘦小的学僧说道：“我的身材矮小，经常抱着‘天塌下来别人会顶着’的心理，参禅让我感受到了烁迦罗心无动转的信念，觉得自己突然变得高大起来，这也许就是禅心吧！”

……

高僧听后，微笑着说：“你们都精进了不少，可是这些都只是你们在学习过程中得到的感受，并不是‘禅心’，真正的禅心在于明心见性，大家好好精进修持吧！”

学僧们听后，个个敛目内省，继续寻找禅心。

这个故事告诉我们，人要经常闭目自省。如果能经常反省自身，信心十足地朝目标迈进，终究会获得成功。

很多时候，我们都会陷入对生命意义的深刻反思中。想要知道人活着究竟是为了什么？眼前的一切又是为了什么？然而在短暂的反思之后，一闪而过的灵光又漂移到了不知何处。转而看到的是眼前的灯红酒绿，再真切不过的真实。

有时候我们总是很容易被今世生活中的一些假象迷惑，满眼见到的都是浮生繁华的景象，这种过眼的荣耀让人心变得热切不已，疯狂地迷恋着物质，把欲望彻底放纵，对于真善美的信仰早已抛到九霄云外。在毫不知觉的情况之下就加入到对金钱、名利的争夺中，并且以为这就是活着的价值。但不知死亡来临之时，会不会有人反省自己一生的付出是否得到了恰当的回报，自己的追求是否切合了生命的意义。

迷途知返，是宝贵的，但是一定要趁早。与其说人们很难在死亡之前看透生命的本质，不如说人们很难在热切的欲海中有时间反省自身。但是一旦死亡来临，一切已经为时已晚。于是，《古兰经》中穆斯林唯一真主安拉通过派遣先知，在死亡之神将要来临之前，通过各种现状告诉人们生命的意义是一件让人羡慕的事。

曾经有人问哲学家亚里士多德：“你和平庸的人有何不同？”他回答说：“他们活着是为了吃饭，而我吃饭是为了活着。”这位具有卓越智慧的哲人说出了一句从自己丰厚知识孕育出的话，却是一句探寻关于生命意义的严肃的命题。

亚里士多德给予了生命比吃饭更加高尚的目的和意义，但是庸庸众生中又有多少人是亚里士多德呢？又有多少人可以在伊斯兰的真主的召唤之下轻而易举的悟到这种哲理呢？

美德嘉纳是一位印度的教师，精修了高深的佛法，他把西藏当成度过晚年的地方，为了让佛法在这片原始广袤的土地上广为传扬。

由于证悟的班智达美德嘉纳具有非凡的预知能力，他预知了自己过世的母亲已投生为青蛙，并且被困于西藏一户人家的炉石之下。于是，美德嘉纳拖动着他老迈的身躯，带上一个翻译，千辛万苦地不远万里从印度到西藏，为了解救、超度他母亲投生更加光明的地方和得到永久的解脱。

谁知道正当他越过两个国家的分界线时，他的翻译竟然出意外死掉了。这位西藏人的不幸给美德嘉纳带来了很大的损失，因为没有语言上的沟通，这位睿智的学者即使有再高超的佛法都无法教诲他们。幸而他沿途学会几句藏语，能够和西藏人进行简单的交流。

美德嘉纳靠着坚毅的意志去寻找他母亲悲惨的投生之地。历经艰辛他终于找到那间破旧的房子，里面住着一位年迈的老妇。

美德嘉纳请求主人让自己打杂当仆，就在这户人家住下，自然没有人知道他是来自印度圣地最博学的大师之一。

老妇让他担负着一些日常的杂役，这位圣者一边做着杂活一边为他母亲祈祷，在屋子的佛堂上点灯、供花，自身一边精进修持，一边祷告帮助他母亲以及同样陷在恶业之网的所有众生超度。

他发现有非常多的小虫子也住在炉石下面，他决心以菩萨悲悯的心肠对待这些沦落的生灵，用自己的善念的力量来超度它们。最后，他成功地将他母亲以及其他生灵的神识都超度到净土去了。

临走的那一天，这位神力通天的印度智者用蹩脚的藏语告诉年老的女主人："明天我将要离开这房子，为了报答你仁慈的收留，向你透露一个秘密：上方的山坡很快会崩塌，请早日离开。"他同样警告了其他的邻居们。

老妇早就意识到这位奇特的仆人绝不是普通的流浪汉。于是她和美德嘉纳离开了故乡之地。然而其他人却想："都住了这么多年了，那座高山怎么可能崩塌？那不会说藏语的怪人一定是在胡说八道！他大概疯了！"

第二天，果如预言，整座山塌下来，将整个村子掩埋，全村人没有一个幸免于难。据人们说，康地滇阔仍然可以看到那座山倒塌后留下的裂罅。

美德嘉纳圆满了为他亡母超度后，回首往事，反思人生，说了如下的话：不举首看月，愚者注视着水中倒影；不寻觅真正圣者，愚者只随无明。与其依师，无宁依法。毋依文字，应依其义；不依不了义，应依了义。

对于穆斯林来说，活着就是为了信仰安拉，否则生命会丧失其存在的价值和理由。即使如此，幸福的伊斯兰教众依然不能理解这个道理。因为信仰是需要人们切身体会、深刻感悟，而不是去想象的一个概念。

另外，美德嘉纳的事迹足以给在平庸中反复的你我当头棒喝，生命的意义究竟是什么？有人对金钱贪得无厌，有人对权势倾心迷恋。有人追求物质上的享受，有人在声色上放纵。但是也有像美德嘉纳一样的智者，做出让平常人匪夷所思的举动，到底什么是人生的意义，对于这个亘古的谜题，也许不同的人有不同的答案。

“以人为镜，可以明得失”，也许美德嘉纳的事迹经历可以很好地给人们以启示。在彼时的岁月中，竟有一众人如此的生活，他们都有自己自认为的人生意义，当然他们也有自己的结局。可是在后人重新看来，或许能得到更加深切的感悟。

反省自己的心，反省自己的生命意义，这样的生命才更有意义。

杨安觉醒秘籍

☆ 少一点模仿，多一点思考。

☆ 少一点执迷不悟，多一点反省。

☆ 少一点急功近利，多一点清心寡欲。

真正地找到真实的自我

认识自己就是自觉的功夫，也就是明心见性。

——星云大师

人贵有自知之明。其实，这种自知之明就是找到真实的自己。既要认识到自己的卓越与缺陷，也要认识到自我的优势和劣势，从而明白自己应该去干什么，可以去干什么。

人之初，性本善。人原本是善良的，慈悲的，真诚的，智慧的，这与佛并无多大差别。可是人一旦经历了世上的权势金钱就会变得贪婪、自私、狂妄、自大。甚至有些人更是无恶不作，这样的人迷失了自我，变成了欲望的傀儡。

从前有一只鹰，凭借尖利的双爪和带钩的嘴，与冲天而降那凶悍猛烈的冲击力，觉得自己所向无敌。有一天，这只鹰看到牧场上有一只羊正在吃草，心想这只羊够自己吃上半个月，鲜嫩肥美，不可多得，当即向那羊俯冲而去。

鹰用爪子狠狠地抓住那只羊后便要起飞，谁知一提没提动，慌忙中便要松爪子，谁知和羊毛缠在了一块，被正巧过来的牧羊人逮了一个正着。

不了解自己，盲目的自大，使那只雄鹰从蔚蓝的天空降落，从此不能再起飞了。作为人，怎么能够重蹈禽兽之覆辙。一定要反省反思，在灵魂深处找到真实的自己。

时间如同握在手掌中的细沙，无论你怎么使劲握住，都无法阻止它从你的指间流走。看着它优雅地挥舞着曼妙的身躯，手也慢慢空虚起来。为了对抗时间的流走，我们能做的就是做最真实的自己，体会每一分每一秒的意义，让有限的时间孕育无限的价值。

要做真实的自己就要找到真实的自己。

星云大师说：认识自己就是自觉的功夫，也就是明心见性。如禅宗所谓的“识自本心，见自本性”。一个人能够自我阅读，自我观照，把自己一生的功过、得失，都能读得清清楚楚，最后能读出自己的佛心、佛性，这才是世间最大、最有价值的学问。学佛，修炼的就是这种功夫。这便是认识自我的过程。

从前有一个年轻人在社会上总是不知道该干些什么，整天闷闷不乐。于是就去寻求禅师问道解脱的妙策。禅师听了他的话后沉思良久，接着从水缸中舀起一瓢水，问：“这水是什么形状?”

年轻人摇头说：“水没有形状。”禅师听后不答话，又顺手把水倒入杯子，又问道：“水是什么形状?”年轻人似有所悟，但还是疑惑地摇了摇头。

禅师还是没有说话，又拿起杯子把水倒入旁边的花瓶，又问道：“水是什么形状?”年轻人恍然大悟，便说道：“我知道了，水本身是没有形状的，但是当把水倒在容器中，水就呈现出容器的形状。”

禅师听后，微微一笑，说道："年轻人，人的一生就像水一样，当你身处什么容器之中你就会表现出什么形状，当你身处正义的路途上就会有正义的表现，当你身处邪恶的路途上就会有罪恶的表现。我们常常追问人生的意义，其实人生就是一粒种子，必然会在时间中成长，如果把它放在肥沃的土壤中，它就会长成有用之才，如果放在贫瘠的土壤上它就会夭亡。"

年轻人听了恍然大悟，真实的自己就是让自己在时间的土壤中成长，如果把自己置于正义的事业，将来就会给自己留下正义的名声；如果把自己置于邪恶的事业，就会给自己留下邪恶的背影。当然，把自己放到进步的路途，自己就会进步；把自己放在放纵洪流中，自己也只能放纵。

也许是无数次彻夜无眠的想象，也许是无数次悄然而立的深思，幡然悔悟当初的放任自流是多么的不应该。让夜的黑暗在破晓之时退却，让智慧的灵光照亮前进的路。找到真实的自己就是找到自己的位置，找到自己的理想，找到属于自己的表达方式，找到属于自己的信心和勇气。

厘清纷乱的思绪，看清楚每一天升起的太阳，让自己的心走出曾经的慌乱和迷茫。也许曾经的失败就是一块痛苦的沼泽，每一次的旧地重游都会陷入无限的伤痛，就像把曾经的伤疤揭起，让曾经的伤口再次血流不止。

找到自己就是正视曾经的失败，看清以往的是非，我们所有的努力就是为了追逐辉煌的成功，并不是为了领略失败的挫折。找到真实的自己就会明白自己应该做的事情，就会明白。往日的奋斗与汗水是自己真实的经历，我们看中的不是结果，而是为体会过程中的无怨无悔。

每一个落日的黄昏，都会有一个温暖的日影在西山留下眷恋的色彩，恋恋不舍这个即将要离开的世界。找到真实的自我，就会无比珍惜现在的时间，好比贪财的人对于眼前的黄金，把时间当成是旷世的珍奇。

时间是一块能够长出一切珍花异草的土地，是能够长出一切邪恶草木的土壤。找到真实的自我就是要珍惜时间，在时间的土壤上种上真心实意的种子，然后挥洒辛勤的汗水。

有时候，有人找不到自己，觉得在生活中迷失了自己是缺少自知之明的表现。当我们遇到问题的时候，也许不明白自己的真实实力，盲目冲动，结果可想而知，非碰得头破血流不可。要试着分析自己、了解自己，进而客观地认识自己，认识社会。客观地去处理现实问题，就必须学会实事求是地分析问题，客观辩证地认识问题，力所能及地解决问题。

杨安觉醒秘籍

☆ 守住自己的内心，不要盲目顺从。

☆ 树立自己的理想，勇敢坚定追求。

☆ 要不断地反省，不断地认识自己。

小测试——你了解自己吗

1. 你是否认为生活忙忙碌碌一点作用都没有，前途无“亮”？

2. 你喜欢自己的工作吗？如果喜欢，为什么？

3. 你是否自哀自怜？如果是，为什么？

4. 对那些超过你的人，你是否很嫉妒？

5. 大部分时间你都在想什么：是失败，还是成功？

6. 随着年纪的增加，你的信心是逐渐增加，还是逐渐丧失？

7. 你能从失败中吸取教训吗？

8. 你允许某些亲戚或朋友为你担心吗？如果是，为什么？

9. 你是否有时候兴奋万分，有时候又沮丧不已？

10. 哪个人对你最具启发性的影响力？为什么？

11. 你是否能够容忍可以避免的消极或沮丧性的影响力？

12. 你对个人的外表在意吗？如果是，什么时候开始的？为什么？

13. 你是否学会了“排除你的烦恼”，使自己忙得没时间去烦恼？

14. 如果让其他人替你思考，你是否觉得自己是个“一无是处的懦夫”？

15. 有多少可以避免的烦恼困扰着你，为什么你会容忍它们？

16. 你是否经常抱怨“心情不好”？如果是，是什么原因？

17. 你是否经常小题大做？

18. 在新的工作中，你是否经常会犯错误？如果是，为什么？

19. 你说话是否经常尖酸无礼？

20. 你是不是经常会有意识地避免和其他人结交？如果是，为什么？

21. 你是否经常烦恼于消化不良？如果是，为什么？

22. 你是否会借助一些刺激性的东西，如酒、烟来让自己保持镇静？如果是，为什么？

23. 是否有人经常对你责骂或抱怨？如果有，为什么？

24. 你是否拥有一个明确的目标？如果有，是什么目标？你打算如何来实现它？

25. 你是否经常会感到自己很悲惨？

26. 你是否有能力保护自己，不被其他人的消极影响力所影响？

27. 你是否能够利用自我暗示来使你的意识变得积极？

28. 你最珍视的是什么？是你的财产，还是你控制自己思想的特权？

29. 你是否也会变得毫无主见，受别人支配？

30. 今天，你是否已经为自己的知识宝库增添了一些有价值的信息？

31. 遇到令你愉快的环境，是勇敢地面对，还是躲避某种责任？

32. 你是否会对错误与失败进行分析，从中获得教训？

33. 你能够举出自己最严重的三个缺点吗？为了改正这些缺点，你会采取什么行动？

34. 你是否接受他人带着烦恼来，博得你的同情？

35. 你是否能够从日常经验中挑选出对自己的个人成长有帮助的教训?

36. 你的存在是否会给别人带来压抑感?

37. 别人的什么习惯最令你感到苦恼?

38. 你是否允许自己受到其他人的影响?

39. 你是否能够保护自己，不受到沮丧性影响力的破坏?

40. 自己的工作，能否让你产生快乐感?

41. 你是否觉得自己拥有足够的精神力量，不会受到恐惧的威胁?

42. 你的信仰是否能帮助你维持积极的意识?

43. 你是否觉得你有责任分担别人的忧愁? 如果是，为什么?

44. 如果相信“物以类聚”，你是否能够通过分析结交的朋友，对自己增加更深的认识?

45. 你是否看得出来，你和最亲近的人存在什么样的关系?

46. 你是否有可能会遇到这种情况——你最好的朋友，却是你最可怕的敌人?

47. 你如何来确定：谁对你最有帮助，谁对你最有破坏性?

48. 你所亲近的人，在精神上是优于你，还是不如你?

49. 在每天24小时中，你分别会拿出多少时间来进行自己的工作、休息和睡觉、游戏和娱乐、获取有用的知识、浪费光阴?

50. 在你所认识的人当中，什么人最鼓励你? 什么人经常会提醒你“小心”? 哪些人经常会对你形成打扰?

51. 最让你感到烦恼的是什么? 你为什么愿意忍受这些烦恼?

52. 当别人愿意主动为你提供免费建议时，你是否会主动接受?

53. 你最希望获得的是什么？你是否打算获得它？

54. 你是否会经常改变主意？如果是，为什么？

55. 不管做任何事，你是否总是有始有终？

56. 你是否容易对别人的事业、大学学位，或财富留下深刻的印象？

57. 你是否容易受到其他人对你的想法或说法的影响？

58. 你会不会因为对方的社会或财富地位而迎合对方？

59. 你认为谁是世界上最伟大的人？这个人在哪一方面比你优秀？

60. 你花了多少时间来研究及回答这些问题？

答案：

分析及回答这些问题，至少需要一天的时间。如果你已经真诚地回答了上述全部的问题，你就会发现，自己已经比绝大多数人更了解自己了。

仔细研究这些问题，每周检讨一次，连续进行几个月，你将会发现：只要诚实地回答这些问题，就能使你对自己多一些认识和了解。

如果你对某些问题无法确定，可以寻求他人的帮助，尤其是那些不会奉承你的人，你可以通过他们的眼睛看清自己。

第五章

宁静安住，突破思维与认知的墙

只有在定中才能生出智慧，才能看到我们的本来面目。要想突破已有的思维模式和认知水平，就要让自己安下心来、静下心来。在来去匆匆的人生旅途中，停住脚步，整理一下自己的心情，选择好方向，从容起程，或许你就能发现一个崭新的自我。因为心能安住，才会看到事物的真相！

世界原无对与错，只有存在是非心

如来说诸心，皆是非心，是名为心。所以者何？须菩提：过去心不可得，现在心不可得，未来心不可得！

——《金刚经》

我们所处的时代，是一个风云变幻的时代，是一个社会转型的重大时期。身处其中的人会面对很多的诱惑。但每个人也都有自己的追求，或为名，或为利，很多人放弃了内心的坚守。面对尘世的一切名利，大多数人都迷失其中。

世间之人面对名利，很少有人能放得下。于是很多人对于发生在自己身上的事情，往往看得很重。这种心境，是个人的是非心在作祟。

何谓是非心？它是“以吾心之是非为是非是”，说白了就是每个人总是以自己的是非好恶来判断事物的是非好恶，全部以自己的一己之心来揣度别人，来评判事物的好坏。而在大是大非面前，往往不能够坚持正确的立场。

是非之心如工具一般，让人泯灭了心性。若不是是非心作祟，世上又怎会有那么多荒唐事，指鹿为马、颠倒乾坤之事？

要端正个人的做事态度，就必须在心里摒弃小我，成就大我，舍小利而敬大义，坚守那一份内心的宁静。

一休是日本的得道高僧，受人尊重，也因为他的睿智，有很多人前来和他坐禅论道，有时候也有一下高低的意思。

有一次来了一位武士，手里攥着一条鱼，来到了一休禅师的房间："和尚，我们来打个赌，看谁赢。你猜，我手里的鱼是死鱼还是活鱼？"

鱼在武士手里，若是一休师父说鱼是活的，武士肯定用力把鱼捏死；而如果一休师父说是死鱼，那么武士就会把手松开，结果不言而喻。无论一休禅师如何说，都会输掉。

于是，一休师父说道："鱼是死的。"

武士马上把手松开，笑道："禅师，你输了，这鱼还活着。"

一休淡淡一笑："是的，我输了。"

一休禅师知道自己陷入了武士给自己下的一个套中。若是在武士面前认输，他便可以挽救一条鱼的生命。而武士却把输赢看得过分重要，他虽然表面赢了，却输掉了公道心。一休禅师虽然输了，却赢得了人家的至德，赢得了一条生命。

面对人生的小是小非，很多人往往都忽略了。不幸的是，生活中很多人总是千方百计向武士看齐，却不愿意为了更大的真理放弃个人的是非得失，甚至为了蝇头小利或者是个人的一己之私，成为一个势利小人。

佛教常教导人们放下。什么是放下？放下就是去除你的分别心、是非心、得失心、执着心。放不下是非心，就不能得到人生的真谛。

名利场是个是非地，处在名利场中的人就是一个是非人，处在是非场中的人要面临各种是非之事。是非取于心，很多是非是心不平产生的。如何在这么多的是非之中而无是非，这就要求每一个人都要有一颗宁静之心来对待。

从前有一个少女怀孕了，父母十分震惊，便问孩子的父亲是谁。少女无奈，只好说父亲是庙里的一位高僧。孩子出世后，家人抱着孩子找到了庙里的高僧。

高僧说道：“这样啊。”便默默地抱过了孩子。从此高僧担负起了照顾孩子的重任。

一时间，镇上风声四起，有些人开始背后指指点点，甚至有人当面辱骂高僧。

高僧面对众人的指责，只是默默一笑。

一年后，少女因为受不了内心的煎熬，便出面为高僧澄清，说孩子的父亲另有其人。

少女的家人找到高僧，表达了愧疚之情。看到孩子被高僧照顾得很好，全家人更是无言以对。

看着少女及其父母的愧疚，高僧也淡淡回了一句：“是这样子啊！”便把孩子归还了少女。

高僧即使被千人所指，也没有辩解一句。高僧说：“出家人视功名利禄为身外之物。被人误解于我毫无关系。我能解少女之困，能拯救一个小生命，就是善事。”

良知只是个是非之心，是非只是好恶，只好恶便尽了是非，只是非便尽了万事万变。与是非心相比，我们更应该遵守内心的最高准则，不以一己之好恶去评判世间之好恶，不因个人的得失而放弃了人类最美好的品行。

人有“是非心”其实本无可厚非，是非心可以让人们辨别是非善恶，让人们看透事物的本质，不再被纷繁的世事所迷惑、所困扰。最根本的一点是认清小是小非和大是大非，让自己更好地回归人类善良的本性。

生死路途君自看，活人全在死人中。人生只不过是一个过程，最终会化为虚无，既然如此，人生何不看淡一些，不要受世俗的迷惑而失却本心。有名有利固然好，无名无利的悠然之心又有何不可？

杨安觉醒秘籍

☆ 读千年史，求经，尽是功名利禄。

☆ 行万里路，悟道，终归诗酒田园。

☆ 风吹雨打任他去，心底无私天地宽。

☆ 心无旁骛是清净，是非曲直心自明。

倒空自我，少一点自我就少一点烦恼

观自在菩萨行深般若波罗蜜多时，照见五蕴皆空，度一切苦厄。

——《心经》

人生在世，有一些东西是无法摆脱的，那便是烦恼，无论王侯将相也好，平民百姓也好，都有自己的烦恼。王侯有王侯的忧虑，担忧自己死后无法带走世间的繁华，平民百姓担心自己食不果腹，终日为生计而奔波劳累。

究其烦恼的根源，很多人却又不清楚。烦恼，来自自我心中的膨胀和没有安全感，过分地强调自我引起。若是心中少了一份自我，或许人生便可少许多烦恼。

人生在世，为了让自己生活得更好一些，便不断地追求一些原本自己不需要的东西，金钱、爱情、事业、地位、名望和观念，是每个人都苦苦追求的。可是若紧紧盯着它们不放，扰乱了自己正常的生活，有时候就得不偿失了。

人的忧虑往往来自内心，一切的烦恼都来源于自身。人生路上会遇到许多不平，当你试着学会放下时，心灵的枷锁自然会打开。

师父带领徒弟去化缘，途中经过一条溪流，有一位漂亮的女子站在河边，望着湍急的河水正在发愁。

师父走过去问那女子："施主，您一定有什么事急着要过

河吧？”

那女子回答道：“是的，师父，我母亲病重，我正愁无法渡过这条河。”

师父淡淡地说：“原来是这样，那就让我背你过河吧。”

女子无奈，但一想到卧床的母亲便应允了。

师父于是背起美丽的女子，将她送到了河的对岸。之后，师徒继续赶路。

此时徒弟一直对师父刚才的举动耿耿于怀。终于忍不住问师父：“师父，不是说出家人不应该接近女色的吗？刚才你为什么还要背着年轻漂亮的女子过河呢？”

“哦，你是说那个过不了河需要帮助的女人吗？”师父不经意地说，“我早已经把她放下了，你为什么一直还紧‘抱’着她不放呢？”

你看，这个徒弟因为自己心中未放下一个“色戒”，所以当师父与女施主接触的时候，徒弟自然而然想到了出家人不应该接近女色。生活往往就是这样，除了我们自己，没有什么能真正束缚我们。

佛曰，人生有八苦：生，老，病，死，爱别离，怨长久，求不得，放不下。为了摆脱苦恼，佛教教导人们一切皆空。佛教讲的一切皆空，说明一切从根本上都是不存在，一切的一切，都是自己的“心”造成的。

为什么普通人体会不到这种“空”？因为人们执着“我”的存在，认为自己的身体很重要，自我所拥有的东西最重要，一旦遇到利害得失的考验，自我中心便受到困扰。

苏洵是宋代著名的大词人。27 岁时开始发愤图强，终于在文学上有所突破，于是开始参加科举考试，但是他参加的两场考试都名落孙山。然而在他身边，他的两个兄长，两个姐夫以及他妻子的几个兄弟，都科考成功，取得了功名。这对一个追求功名利禄的人来说，无疑是一种痛苦。

这无疑对他打击很大，但是他没有灰心，决定重新振作起来。可是他一直苦于无法发现自己的不足，心中十分着急。一天他在整理自己以前的书稿时，发现自己写的文章竟连自己都不甚满意，于是他将自己的书稿全部点燃化为灰烬。

焚稿后，他如同放下一个沉重的包袱，开始更加刻苦求学，甚至连照顾孩子的重任都交由妻子打理。

经过二十多年的努力，苏洵饱览群书，具备了渊博的知识和惊人的才智，再写起文章来，往往到了“下笔顷刻数千言”的程度。他写的很多著明的文章流传至今。

在此后的日子，他渐渐发现并非因为自己的才能不足，而是因为自己与当时的官场格格不入，自己的志向也不在枯燥死板的考试中，于是他停止了考试。

后来皇帝也因为他的名气想给他一个科举的名衔，但是此时已经看透了功名利禄的他委婉地推辞了。

世界上有几个人能够清醒地认识自己？倘使人们能将身体以及身外之物，如财产、名利，视为生命过程中的现象，本来没有，未来也会消失，巧妙地运用这幻化的身心所构成的自我，以此来自利利人，那就是身心皆空、万般自在了。

若人能看透色、受、想、行、识五蕴，将它们视为空洞之物，将它们看成自我价值的国度，观察到身心皆空，就能从所有的苦难危厄中解脱出来，甩去身上的烦恼。

人要想认识自己，首先要通过别人，就像我们想看一下自己的容貌，必须要照镜子一样。但是，照镜子毕竟是虚幻中的你，是别人眼中的你，带了别人眼睛的颜色，要想真正认识自己，就必须靠心，这才是根本的解脱之道。

杨安觉醒秘籍

☆ 跳出三界外，不在五行中。

☆ 放下内心的挂碍，像蓝天一样清净。

☆ 该放不放，必是大患。不过于强求自己，不过于委屈自己。

别人建议属友情提示，你才是人生的真正导演

佛土生五色茎，一花一世界，一叶一如来。

——《华严经》

很多时候，我们每个人总是习惯于听从别人的安排，遇到问题也总是直接从别人那里获得帮助，久而久之，便养成了不善于思考的弊病，这种人不善于规划自己的人生，在遇到问题时不习惯自己寻找解决的办法。

生活中也有一些“长者”习惯于使用越俎代庖的方式，帮助别人设计人生，热衷帮别人决策未来，却忽略了别人真正的性格和兴趣，当遇到人生重大抉择的时候，他们往往束手无策。

此外，中国文化过分强调集体的东西，很多人受到“唯上”“从众”等行为方式的影响，也让一些人变得无所适从。比如，很多影视剧中的长房长孙就在这样的环境中耽误了自己的大好年华，变得一事无成。

其实，掌控命运不能借助于外力，唯一要靠的只有自己坚持不懈的奋斗和努力。现实生活中有很多人把自己的命运寄托在别人的身上，或是祈求上苍的帮助，或烧香拜佛，或祭天设宴，可他们的愿望实现了吗？

所以，要想改变自己的命运，只能靠自己的双手，让自己拯救

自己，让自己改变命运。

有一位年轻人来到寺院向一位高僧倾诉：

自己从很小的时候，就没有清晰的目标。父母对自己的期望便是自己人生的目标，无论父母说什么，都要听从。现在遇到了烦恼。

上小学，父母告诉他应该考哪一所中学，上了中学父母又告诉他应该考哪一所大学，但他自己从来没有想过，也没有思考过自己应该上哪一所学校，上了大学以后他发现选择了一个自己不喜欢的专业，但是考虑到是父母给自己定下的目标，也就默默地接受了。甚至毕业后找工作也由父母出面给安排了。

现在年轻人到了结婚的年龄，自己有心仪的女孩，可是父母为他介绍了另外一个女孩。现在他不知道自己该怎么办。

高僧听完年轻人的诉说后，没有说话，从案台拿出一个饱满的苹果，一个又干又瘪的橘子，随手把橘子递给了年轻人。

年轻人有所不满，但是还是随手接下了大师递给的橘子。大师自顾自地吃起了苹果，然后让年轻人自己吃橘子。

年轻人则等着大师吃完苹果后帮他解开心结。

大师不紧不慢地说道：“你为什么不吃橘子？”

“这个橘子已经没法吃了。”

“哦，既然没法吃了，你为什么不自己到果盘中拿一个？或者直接拒绝我？”

年轻人无语。

既然自己不喜欢，为什么不直接拒绝。你本可以自己选择自己喜欢的东西，或者你可以拒绝我。人生除了你自己外，别人为你做出的选择，其实你都是可以拒绝的。

这种缺乏主见的本性固然有别人的原因，但是从心理的角度来说，这种人没有分清谁才是自己人生的真正主角，谁才能真正主宰自己人生的命运。他们并未真正懂得，只有自己才能真正走完自己的一生。

人生的路需要自己走，其间总有一些事需要自己做，甚至连至亲的人也无法代替，更不能代替。人生的起起伏伏，风风雨雨，生活中的一切一切，靠的主要是你自己。

有一个人高考落榜后，去一家酒厂找到了一份稳定的工作，有着丰厚的收入。可是他总是觉得自己一无所长，总感叹命运对自己的不公正，当年自己若不是因为高考发挥失误，也不会过现在的生活。在一个晚上，他又去酒吧发牢骚。

一个人拿着两只大小不同的酒杯并且都倒上了酒，问："这两个酒杯有什么区别吗?"

"一大一小。"

"也对，可是你没发现，它们都是用来装酒的吗?"那个人继续说道，"世界上的人也像两个酒杯一样存在差别，但是他们若是装上酒之后，其价值和用处并没有太大的不同。人生也是这样，无论自己出身如何，但是只要努力活着，人生就是有价值的。"

"其实，你也用不着抱怨的。我们每个人在这个世界上都是重要的，相对一些人也都是独一无二的，比如，你是孩子唯一的父亲，你是你妻子唯一的依靠，同时你也是你家庭唯一的支撑。你从来都是唯一的。”

听完这番话，酒鬼走出了酒吧。

是啊，我们不能选择自己的出身，但是我们可以选择自己的人生；我们不能选择自己的起点，但是我们可以创造我们的人生终点；我们不能选择我们的起点，但是我们可以改变我们的每一步。

苹果公司前总裁史蒂夫·乔布斯曾说道：“你的内心与直觉知道你真正想成为什么样的人。任何其他事物都是次要的。”这就告诫我们每一个人，不要成为别人希望你应该成为的样子，而要成为你自己要成为的样子。

让自己主宰自己的命运，是每一个智者都懂得的道理。每一个成功人士都是靠自己的努力获得成功的。

在现实生活中，命运是要靠自己去把握的，而不是去依赖别人，靠自己才是最可靠的。

杨安觉醒秘籍

☆ 我命由我不由天。

☆ 先知己，而后知佛，故我即佛，佛即我。

☆ 人生真正的主角只有一个，没有人能替代你走完人生。

你的烦躁，只因被不适宜的思维与认知困扰

烦恼障中见所断种于极喜地见道初断。彼障现起地前已伏。修所断种金刚喻定现在前时一切顿断。彼障现起地前渐伏。初地以上能顿伏尽令永不行如阿罗汉。由故意力前七地中虽暂现起而不为失。八地以上毕竟不行。

——《成唯识论》

当今时代是一个快节奏的时代，身处其中的人很容易烦躁，大都感觉似乎快乐变少了。其实处在烦躁的时代中，人难免不会被时代的大环境所感染，因此，很容易患上一种叫做烦躁症的不健康状态。有些人看到路上的人多，自己等车或者过马路的时候，因为交通不畅就会产生“路怒”。看来烦躁真的是无处不在。

烦躁本是人的一种情绪，由人的生理和心理所决定的。这是人的一种常态，每个人都有。试想，一个人生活在这个世界上，要吃五谷杂粮，就会有不适，要和别人打交道，就会出现这样和那样的问题，因此会产生烦躁的情绪，这种情绪是人的身体功能的一种。负面情绪的源头可以是负面经验，同样也可以说是负面的惯性。

在佛教中，障的本意是遮蔽。佛教认为众生被无明、烦恼、恶业等种种障碍所障蔽，缺少智慧，不能经由佛法的正确教导而得见正道，所以人才会生死轮回。除烦恼外，人心中所有会带来痛苦的

负面情绪及其带来的不良影响，都是“烦恼”，包括烦躁、忧郁、焦虑、不安、嫉妒、期待、愤怒、悲伤、麻木等。烦躁列为烦恼之首，可见烦躁的危害之大。

烦躁源于对事情失去控制，不耐烦源于琐碎和单调的生活。人生中有太多的未知，当太多的未知突然一下子涌现在你的面前，或者对事情感到无从下手的时候，就会对事情失控，自己也会被负面的情绪所带动。

一对兄弟住在80层高的楼上，一天他们回家发现大楼停电了！他们手里提着重重的行李，但看来没有别的选择。于是哥哥对弟弟说：“我们就爬楼梯上去！”

兄弟二人背着重重的行李开始爬楼，爬到20楼的时候他们感觉累了，哥哥说：“把行李放在这里，我们先爬上去，等来电了，我们再坐电梯取行李。”于是他们把行李放在了20楼，继续向上爬。

放下行李后，他们感觉轻松多了，于是有说有笑地往上爬。但是到了40楼，两人实在爬不动了，就坐在那里休息。两人开始变得烦躁，开始互相埋怨、指责对方。

他们就这样边吵边爬，又向上走了20层，一路爬到了60楼。到了60楼，他们累得连吵架的力气都没有了。

于是他们默默地继续爬楼，终于爬到了80楼！当他们到门口的时候，才发现他们的钥匙留在了20楼的行李中了。

人就是这样，往往在自己最精疲力竭的时候，也是自己最烦躁的时候。比如，上述例子中的兄弟在40楼的时候开始吵架，这个时候他们已经身心疲惫，所以开始烦躁。当他们爬到了60楼的时候，他们已经没有力气继续下去了。

当原本控制的事情失控时，压力便会产生，就会感觉力不从心，甚至不知道事情如何开始，再加上中途不可预料的事情的发生，持续下去就会引起情绪上的失控，变得烦躁起来。当有了烦躁情绪之后，见到那些琐碎、需要大量重复工作的时候，就会加重自己的烦躁情绪。

人不可能永远处在好情绪之中，生活中既然有挫折、有烦恼，就会有消极的情绪。一个心理成熟的人，不是没有消极情绪的人，而是善于调节和控制自己情绪的人。

其实烦躁对人一点好处都没有，不仅影响了工作效率，还影响了自己的心情，甚至影响了自己身边人的情绪。所以还是要时刻保持一颗淡定的心。

20世纪90年代互联网业得到了飞速的发展，一对从事IT业的夫妇因此身家百万。后来随着网络泡沫的破灭，这对夫妇的企业受到了冲击，两个人不仅赔掉了自己所有的钱，甚至还欠了一屁股的外债。而当时成千上万的网络工程师们都失去了他们的工作，他们一时处于失业状态，贷款购买的房子不得不出售。

由于双双失业，夫妇两个人的脾气都变得很坏，争吵、摔东西成为家常便饭。即使是妻子找到了一份临时的工作以补贴家用，但是夫妻的感情并未因此好转，两个人甚至一度打算离婚。

在经济状况和情绪都双双陷入低谷的时候，一天早上妻子在窗前发誓：要挽救这个家庭，并坚持每天做一件高兴的事情，带动丈夫的情绪。

于是妻子从每天对丈夫微笑开始，每天给丈夫讲一个有趣的笑话。开始时丈夫并未改变自己的情绪，但妻子仍坚持做，不久，家里的气氛开始好起来。

她真的做到了，丈夫也开始承担家务、照顾孩子，并且学习新的技能。一家人渐渐变得融洽，家庭环境开始温馨起来，后来随着经济的好转，丈夫又回到一家大型 IT 公司。

处理烦躁情绪的办法有很多，最关键的是保持乐观。若情绪超越了自己能控制的范围，最好的方法不是释放或是压抑，而是无为而为，学习先定心。

心乱须先定心，看护情绪，不预判，让它出现，静观其变。心是最大的情绪控制中心，要稳定情绪必须从心开始，学习定心的方法。至于方法，可以自己从生活中寻找，也可以向别人学习。

面对一大堆事情的时候，要学会控制，让它们变得有条理。面对无从下手的事情的时候，要冷静分析，逐步推进。

杨安觉醒秘籍

☆ 烦躁是一种负面情绪，需要自己有效地控制。

☆ 心若大了，烦躁便失去了发挥作用的余地。

☆ 没有烦躁的人，只有不淡定的人。

☆ 拒绝浮躁！保持淡定！

每一次挫折，都是觉悟的最好良机

心无挂碍，无挂碍故，无有恐怖，远离颠倒梦想，究竟涅槃。

——《心经》

一般来说，每个人都希望自己一生平安、顺利、幸福，但现实往往并不尽如人意。面对生活的逆境，很多人视为威胁，但对那些成就大事业的人来说，每一次挫折，都是一次发展的时机，是一次蓄势待发的前奏。无论挫折有多么难以突破，我们都应该公正地看待。

有些人经历过太多的事情，他们的人生是一部丰富的人生教科书。他们的人生之所以精彩，绝不是因为他们曾经取得过多么辉煌的成就，而是他们在低谷时那种不屈不挠、勇敢地反思自己的过去，从中取得新的突破口的精神。

遇到挫折时，是让挫折击倒在地一蹶不起，还是为自己留下美好的笑容。以微笑面对挫折，有什么办不到呢？奶茶之所以香醇，是因为有了青涩的茶叶作伴，而人生之所以绚丽多彩，是因为有了苦涩的挫折。那么，告诉自己挫折是一次人生的插曲。

爱迪生和他的助手们，为了发明一种经久耐用的灯丝，光是用作灯丝的材料就试验了上千种。开始时他选择了用白金，虽然白金可以延长灯光的发光时间，却需要经常熄灯再自动发

光，并不是十分理想。

但爱迪生并不气馁，不断地用各种金属进行试验，但效果远远达不到理想的状态。之后，他与助手们将这1600种耐热材料全部进行了试验。后来经过真空的改进方法，在隔绝氧气的情况下，灯泡寿命有了很大的改进，但是使用金属材料却加大了灯泡的成本。

后来一次偶然的机会，爱迪生看到用棉纱织成的围脖，他脑海突然萌发了一个念头："棉纱的纤维比木材的好，能不能用这种材料?"

他把用棉纱做成的炭丝装进玻璃泡里，效果果然很好。

爱迪生非常高兴，制造了很多棉纱做成的炭丝，进行多次试验。最后，灯泡的寿命竟然达到了45小时。

但爱迪生并不满意："我希望它能亮1000个小时！"于是他又继续寻找灯丝的材料。

最后，爱迪生终于选择了竹子。他先取出一片竹子，装进玻璃泡，通上电后，这种竹丝灯泡竟连续不断地亮了1200个小时！至此，他终于做出了自己满意的电灯。

一次又一次的挫折，一次又一次的自我反思，让爱迪生成为世界著名的发明大王。这绝不是一般人所说的靠运气取得了成功，而是在挫折面前不气馁，不放弃，迎难而上，最终为人类的进步作出了重大的贡献，也为自己创造了巨大的财富。

美国著名成功学家奥里森·S. 马登说过："在当今世界上，很多人都把他们所取得的成就归功于障碍与缺陷。如果没有障碍与缺陷的刺激，他们可能只发掘出 25% 的才能，但一遇到痛苦的刺激，其他 75% 的才能就能被开发出来。”

1927 年，美国阿肯色州的密西西比河大堤被洪水冲垮。当时有户家庭的房子被洪水冲毁，就在洪水即将把男孩吞噬的那一刻，他的母亲奋力把他拉上了堤坡。

1932 年，男孩 8 年级毕业了，因为阿肯色州的中学不招收黑人，他只能到芝加哥读中学，家里没有那么多钱。那时母亲做出了一个惊人的决定——让男孩复读一年。她则为整整 50 名工人洗衣、熨衣和做饭，为孩子攒钱上学。直到 1933 年，母亲才为他攒足学费，让他去芝加哥读书。

1942 年，他创办了一家杂志，但因为没钱，他不得不抵押了母亲的家具。1943 年，这份杂志取得了巨大的成功，并成为美国著名的一份杂志。他将母亲列入工资花名册，并告诉她算是退休工人，再不用工作了。

后来，他经营的一切仿佛都坠入谷底，面对巨大的困难和障碍，他试图放弃多年的经营。他将自己的想法告诉了母亲。

“你努力试过了吗?”

“试过。”

“非常努力吗?”

“是的。”

“很好。”母亲果断地结束了谈话，“无论何时，只要你努力尝试，就不会失败。”

后来他渡过了难关，攀上了事业新的巅峰。他就是美国

《黑人文摘》杂志创始人、约翰森出版社总裁、拥有三家无线电台的约翰·H. 森。

错误和失败是对人的意志的严峻考验。只有清醒的人，才能在失败面前锻炼自己的意志。一个人在逆境中的表现是对他是否成熟和气质优劣的最好的检验。如果你拒绝了失败，实际上你也就拒绝了成功。如果你是一个害怕失败的人，如果你想具有不怕失败的态度，不妨记住“跌倒了，爬起来”，其实你已经接近了成功。

面对失败和挫折，一笑而过是一种乐观自信。然后重整旗鼓是一种勇气心。最后不断进取是一种力量心，是一种境界。

杨安觉醒秘籍

☆ 要成功，就要长期等待而不焦躁，态度从容却保持敏锐，不怕挫折且充满希望。

☆ 要成功，就要时时怀着得意淡然、失意坦然的乐观态度，笑对自己的挫折和苦难，去做，去努力，去争取。

☆ 上台靠机会，下台靠智慧。高潮时享受掌声，低谷时感悟人生。

拒绝急躁，宁静是通往智慧的桥梁

凡是急躁的人，成就都很有限。自古以来，建大功、立大业的人，态度都很端庄，“心安、身安、心定”这几个字，他真的做到了。

——净空法师

急躁是一种近乎病态的心理，表现为焦躁不安，是情绪上的一种急躁心态。急躁的人往往都会心神不宁，面对急剧变化的社会，不知所为，心头无底，慌得很，对前途无信心。

做事急躁的人，大多人生都不会太圆满。做事一急躁就会心浮，心浮就会忙中出错，无法认清事情的本质，没办法认真地做好哪怕是一件小事情，无法深入到事物的内部中去仔细研究和探讨事物发展的规律。有人甚至因为急躁而丢了自己的性命，《三国演义》中的张飞就是因为性格过于急躁，才接连出错，最终丧命的。所以说，无论是做人还是做事，急躁的坏脾气终究要不得。

陈大姐十分苦恼，因为总是得罪人。她得罪人的原因倒不是因为她做了什么特别的坏事引起了众怒，而是因为她做事过于心急，稍微有些不合意就容易急躁，一着急起来就变得不耐烦，嘴上便缺少了一个把门的，惹得大家都不愿意和她打交道，弄得她自己心里很不是滋味。

之所以会这样，是因为小时候她就很耐不住性子。她要是想要什么，就必须马上得到，若是得不到就会大哭大闹，惹得亲戚见了她都觉得发愁。

上学时她成绩很好，有时给同学讲题，她细致地讲了两遍，同学还是不明白，她就不耐烦了。结果惹得同学觉得她瞧不起自己，再也不问她了，她也挺后悔不该这样，但一着急就控制不住了。

工作后，同事有时候难免会因为事多，没有听清她说过的话，就让她重复一下讲过的话，她也会不耐烦："我都说过了，谁叫你没听?"她做事也是如此，要么一着急忘记了别人的事情，要么弄坏了别人的东西。有时候原本是好意帮别人办一件事情，可是要么一着急就会发怒："算了，我不管你了，急死人了。"

时间长了，同事也觉得她不好相处。就这样，朋友们一个个都离她而去，尽管她很热心，但谁也不愿请她帮忙。

生活中像陈大姐这样的人恐怕不在少数，这种人原本属于热心肠，对人对事都不藏奸耍滑，可是他们往往吃亏就吃在自己的急躁的性格上，使得别人不理解，甚至产生误解。

要想办好事绝不能着急，由着自己的性子来。但有些人一遇到事情，就恨不得立即弄个水落石出，一针扎出血来。可是这样做不仅收不到预期的效果，还会把事情弄得一塌糊涂。

人如果一着急，就会手忙脚乱，明明很简单的事情也会被他们弄得很复杂。由此可以看出：无论做什么事都不要急急忙忙，心慌意乱，要保持冷静，从容镇定。要知道“心急吃不了热豆腐”，急切慌乱不但解决不了问题，还会更加拖延时间，于事无补。因此，克服急躁心理非常重要。

林则徐自幼聪颖，4 岁入私塾读书，7 岁学习作文，也算得上当时的一名神童。他的父亲对此深感欣慰，觉得儿子将来必能成就一番事业。但是，林父越来越为儿子的性格担忧。小小的年纪却喜怒无常，顺利时扬扬自得，遭受挫折时便烦躁不安。

父亲感到若不能改变林则徐的个人品质，即使他有超人的智力，也终将会毁在自己的性格上。为了儿子日后的发展，父亲整日苦思冥想，终于找到了教子的方法。

他首先从自己做起，平日注意言行，遇事不怒，待人和蔼，为人谦恭。即使儿子犯了错误，他也总是耐心地教导，从来不急躁地批评。有一天，父亲回到家脸色不太好，林则徐问父亲遇到了什么不顺心的事情，何以面无喜色。父亲借机给他讲了一个“急性判官”的故事：

从前有一个官员以孝著称，对不孝之子必加重处罚。有一天，二贼入户盗得一头耕牛，又把此家的儿子五花大绑押至县衙，向县官诉其打骂父母不孝之罪。

这个官员一听，竟然还有这等不孝之子，于是不问青红皂白喝令衙役杖责 50 大棍。就在官员还想对“不孝子”采取更严厉的惩罚措施的时候，儿子的母亲急忙来到官员的堂前，跪在县官面前，声泪俱下央求县太爷棍下留人，还要靠儿子养老送终呢。

老母把儿子的孝道说给县太爷听，讲自己的儿子如何孝顺，如何受到乡人的尊重。县官听罢，追悔莫及。这时才想起找偷牛贼算账，可他们早已逃得无影无踪。

听过这个故事之后，林则徐把戒除急躁当作了人生的座右铭。后来林则徐做了高官，他在府衙里总是挂着一块牌匾，上书“制怒”两个大字，以此鞭策自己，警示自己，终生不忘。

气躁心浮，办事不稳，差错自然多。做事戒急躁，踏实做事才是成功之道，很多人办事往往过于急躁，这样往往是欲速则不达，最后把事情弄得一团糟。

凡事都要有耐心，用一颗平常心去面对，切忌心浮气躁。生活中没有比活着更重要的事情，所以又有什么事情值得我们去着急，又有什么事情值得我们非得心急火燎地去完成?

既然人生急不得，何不给自己放宽心，以宁静之心来完成我们的人生，也给自己寻找一个心灵的出口?

杨安觉醒秘籍

☆ 遇事冷静，忍让为先。多问己过，少责人非。

☆ 着急的事情，想好了再做，着急的情况，先做好准确的判断。

☆ 动作瞻视，安定徐为。

改变思维模式，就能变失败为成功

沙门行道，无如磨牛。身虽行道，心道不行。心道若行，何用行道。

——《佛说四十二章经》

有一种人，只要是自己认准的事情，就一定要做下去，哪怕是一条错误的道路，只要自己决定了的，就必须坚持下去，八头牛都拉不回来。持这种态度的人，固然值得我们钦羡，可若是仔细想想，一条道走到黑的人，只知道蛮干，不知道什么时候该改变自己，那么他的失败就会一直延续下去。

要想改变自己，首先要改变惰性。生活就像一张安乐椅，我们躺在上面，就容易安于现状，容易满足，于是锐气磨没了。改变自己，说起来容易，做起来却是一个艰难的过程。改变是一个否定自我、适应时代的过程，又是一个完善自我、提高自我的过程，只有不断地改变自己业已形成的思想观念，才能改变自己的过去，开始新的生活。

决定我们命运的往往不是我们的行动，而是我们的想法，因为没有比眼睛看到的更长远的路，如果你眼睛看不到前面的路，无论你怎么向前奔走，终究无法到达你的视线终点。

一提到捕猎，人们往往会想到猎人的形象，手里拿着一杆猎枪，穿着厚厚的棉服。这其实只是最低等的猎人，真正高明的猎人的捕猎方式却比这高明。

在北极圈里，北极熊拥有着绝对的霸主地位，但是聪明的爱斯基摩人会不费吹灰之力就捕获它。他们是怎么做到的呢？

原来，爱斯基摩人杀死海豹后，把血倒进水桶里，然后把一把双刃的匕首插在血液中央。血液立刻凝固在匕首上，形成一个超大的冰棒。爱斯基摩人把冰棒倒出来，丢在雪原上就可以了。

北极熊鼻子十分灵敏，同时它们也嗜血如命。当闻到血腥味后会迅速赶来觅食，开始舔起血冰棒，舔着舔着，舌头渐渐麻木。直至将所有的海豹血舔光后，匕首划破了它的舌头，血就会冒出来。

这时候，它的舌头早已麻木，所以没有感觉，但是它的鼻子还很敏感，知道新鲜的血来了，加紧舔食，还是不愿意放弃这样的美食，于是越舔越起劲。

最后直到北极熊失血过多，休克昏厥过去。爱斯基摩人就走过去，几乎不必花费力气就可以轻松捕获它。

这是一种更残忍的捕猎方式。我们每个人或许是其中的北极熊，或者是那些捕猎的猎人。在我们追求成功的过程中，我们也很可能抱持的是错误的观念和看法不停地坚持下去，我们其实也只是一只北极熊，只不过是一只会说话的北极熊罢了。

最可怕的是，我们像那只北极熊一样，沉浸在享受美好的血腥之中，却一直没有意识到危机的到来。

清代李渔曾说道："变则新，不变则腐；变则活，不变则板。"如果我们发现自己正在走的路和我们达到的目标不一致，那么我们必须勇敢地调整方向。只有学会改变，才不会导致我们误入歧途。

要想取得成功，也必须选择正确的路。

拥有130多年历史、曾经在摄影和胶卷领域称霸全球的柯达公司，竟然于2012年破产了。

1935年柯达公司生产出了彩色胶卷，早在1976年，柯达就开发出了数码相机技术，并将这一技术运用于航天领域。

1991年，柯达拥有了130万像素的数码相机。

1996年，柯达推出了其首款傻瓜相机。

在数码相机的冲击下，柯达公司从2004年以后便连年亏损。

直到2009年才因为数码相机广泛使用而停止生产彩色胶卷。

到了2011年，公司走向了破产的边缘。

虽然美国柯达实验室研发了世界第一台数码相机，它通过电子方式拍摄和记录影像。但是作为全球最大的传统胶片企业，柯达担心胶卷销量受到影响，一直没有大力发展数码业务，仍把关注的重点放在传统相机的胶卷生意上以及如何防止胶卷销量的下降方面。这一战略招致了灾难性后果。

一家有着几百年历史的老企业，行业的领头羊，因为割舍不掉自己曾经的优势产业，被其他企业赶超后竟然落得个破产的境地，真是值得人们深思。

要想事情改变，首先得改变自己。只有改变自己，才会最终改变别人；只有改变自己，才可以最终改变属于自己的世界。愚公精神固然可嘉，可是其实际意义是什么？是让子孙后代永远成为挖山人，还是选择一家人迁移到山的另一面？

山，如果不过来，那就让我们过去吧！

杨安觉醒秘籍

☆ 世上本无移山之术，山不过来，我就过去。

☆ 改变可以改变的一切，适应不能改变的一切。

☆ 在家里看到的永远是家，走出去看到的才是世界。

☆ 信念改变思维，思维改变心态，心态改变行动，行动改变习惯，习惯改变性格，性格改变命运。

小测试——抗挫能力自测

遇到挫折的时候，你会感到情绪低落，还是能够扛得住压力？做个测试看看你的抗压能力吧。请在下列 10 道题中 A、B、C 三个答案中，选出最适合自己的一项。总分加起来对照后面的结果分析。

1. 遇到十分令人担心的事时，你会（　）。

A. 无法工作（0 分）

B. 照常工作（2 分）

C. 介于两者之间（1 分）

2. 碰到讨厌的对手时，你会（　）。

A. 无法应付（0 分）

B. 应付自如（2 分）

C. 介于两者之间（1 分）

3. 遇到难题的时候，你会（　）。

A. 失去信心（0 分）

B. 动脑筋解决问题（2 分）

C. 介于两者之间（1 分）

4. 当你遇到困难时，你会（　）。

A. 嫌弃和厌恶（0 分）

B. 认为是锻炼自己的好机会（2 分）

C. 兼而有之（1 分）

5. 当出现了自卑感时，你会（   ）。

A. 不想再工作（0 分）

B. 振奋精神去干工作（2 分）

C. 介于两者之间（1 分）

6. 当上司给你安排了困难的任务时，你会（   ）。

A. 直接顶回去（0 分）

B. 想尽办法完成（2 分）

C. 先顶一会儿再去做（1 分）

7. 当工作条件恶劣时，你会（   ）。

A. 无法干好工作（0 分）

B. 克服困难干好（2 分）

C. 介于两者之间（1 分）

8. 工作中感到疲劳时，你会（   ）。

A. 总想着疲劳，脑子不好使（0 分）

B. 休息一会儿，忘记疲劳（2 分）

C. 介于两者之间（1 分）

9. 遇上难题时，你会（   ）。

A. 失去信心（0 分）

B. 动脑筋解决问题（2 分）

C. 介于两者之间（1 分）

10. 面临失败时，你会（   ）。

A. 破罐子破摔（0 分）

B. 将失败变为动力（2 分）

C. 随机应变（1 分）

结果：

17 分及以上：

你的抗挫折能力很强，能够抵抗所有的失败和挫折。

10 ~ 16 分：

你虽然具有一定的抗挫折能力，但对某些较大的打击依然难以抗衡，必须加强心理素质的锻炼。

9 分及以下：

你的抗挫折能力不强，即使是一些细小的挫折都会让你消沉半天，需要不断提高抗挫折能力。

第六章

心中常有善念，是觉悟的种子

人有善念，天必佑之，福禄随之，众神卫之，众邪远之，众人成之！你是世界的因，世界只是你的果。种子不良，基因不好，自然不会开出好花、结出好果！你的每个念头都是种子，你的世界只是它开的花。善念，开出花朵；恶念，变成肿瘤。唯有种下善良的种子，才能长出善良之树，才可能体会到生命的真谛。

心正则身正，身正则行正

命好心不好，福转为祸兆。心好命不好，祸转为福报。心命俱不好，遭殃且贫夭。心可挽乎命，最要存人道。命实造于心，祸福为人招，信命不修心，阴阳恐虚矫。修心亦听命，天地自相保。

——佛语经典

在佛学中，讲究的是命运，但其不同于外道机械的宿命论。佛教认为命运是因缘生法，没有自性，故命运实造于心。即便是坏的命运，也会因为一个人心存善缘而有所改变。因而，心是一切存在的根源，存善念的心正之人，才能拥有好的命运。

虽然我们中的绝大部分人都不是宿命论者，但不可否认的是，生活中的很多现象都找不到答案，只能称作是“命”。所谓“命”，并不是我们所想的那样无法改变，而是可以通过人的“修身”来进一步完善。

曾子曰：“欲修其身者，先正其心。”心正则身正，身正则行正。心正的人，是没有任何的私心杂念的，那么他个人必定能够做到自身端正，从而他的行为也必定是端正得体、毫无负面作用。即便这个人处于困境，甚至是被“命运”所诅咒，他都能够解脱，收获自己快乐的人生。

有一位禅师在禅定中，发现自己最喜爱的小徒弟竟然只剩几天的寿命，心里十分的悲伤。他想：如此可爱懂事的孩子怎么会遭遇如此的事情呢？他为小徒弟感到惋惜，却又无能为力。

这天，他把徒弟叫到跟前，对他说：“你应该有很长时间没有看望父母了吧，去收拾收拾行李回家去吧！”徒弟一听，非常的高兴，收拾好行李，同师父拜别便回家去了。

时间一天天逝去，禅师的心中不免伤感起来。七天过去了，小徒弟还没有回来，师父便愈加地怅然。然而，这时徒弟竟然回来了。面对他的突然出现，师父的脸上写满了惊讶。

师父仔细打量着小徒弟，问道：“你竟然平平安安地回来了？”这位小沙弥听到师父的话，如同丈二和尚摸不着头脑，愣头愣脑地回答：“当……然……了，师父。”

师父非常疑惑，问道：“你这几天都做了什么？”“没有做什么呀！”徒弟迷惑地摇头回答。

师父继续追问：“仔细地想清楚，最近遇到了什么事情？”经过一番思考之后，小徒弟说道：“噢！我记起来了。那天在回家的途中，我看到路旁的水池中有一群被困的小虫子。于是，我就用叶子把它们救了上来。”

师父听完后，在禅坐中又进入了神通中，看到了小徒弟的命运完全逆转了。他不仅没有了夭寿的迹象，还拥有了百年的寿命。他的这一举动，不仅救了被困的虫子，更是挽救了他自己的命运。

虽然这个故事在一定程度上有神学的色彩，但是不可否认的是，小徒弟的善念确实给他带来了好处。因为心正，小徒弟改变了命运，挽回了即将夭寿的命运，并使自己的命运变得更加美好。不得不承认，心正终成善果。

心正代表了人的内心中美好的东西——平静、坦然处之的人生态度，善良、悲天悯人的处世原则以及富有责任心与智慧感的内涵精神等。所有的这些存在，都会促使个人抛弃私欲，以“一切皆净”的心态来发展人生，那么他必然能够做到“身正”。同时，自身的端正又必然促使他不断纠正自己的错误、不当行为，进而做到“行正”。所以，“心正则身正，身正则行正”。

所谓“心正”，是能够为个人发展带来巨大促进作用的人之根本原则。当你自己成为一个心正的人，便不会嫉妒他人，也不会处心积虑地去排挤、陷害他人，更不会因生活中的种种得失而产生不平衡的心理，使自身陷入困惑、焦虑的痛苦情境中。

相反，你会以宽容的心态坦然面对生活中的一切，以德报怨、做好自己，获得真正的幸福与快乐，品味到人生所带给我们的酸甜苦辣。同时，你的心正会使生命“转危为安”，甚至获得意想不到的惊喜，生命更会因其而变得多姿多彩。

当今的社会，纸醉金迷、物欲横流，很多人为了满足自身的私欲，而不断地非法索取所需，落得个凄惨下场。试想，若不是他们的心术不正，怎会有这样的结局？本来大好的仕途之路，却因为一己的私欲而毁于一旦，命运如此的大逆转，不禁令人感慨。

倘若在我们的现实生活中，人人都心不正，那么这就表示一切美与善的东西都没有了，那样社会将会变得多么可怕，只怕到时候社会就成了魔鬼的地狱，这便是人类最大的噩梦。在这种时候，何谈生命，何来命运，人生不过是一场闹剧罢了！

要想成就美好的人生，就要清楚自身的真正问题在什么地方，抓住主要矛盾去促进发展。

一位年轻人问智者：“做一件事情，为什么我改正了错误的行为却还是无法达到效果？”

智者问道：“那你如何知道自己做错了的？”

年轻人说：“别人告诉我的。在我做错的时候，别人告诉我这是不对的，然后告诉我怎么做是正确的，我就按照他说的做了，但是效果不佳。”

智者又问：“那你明白自己的行为为什么是错误的了吗？真正地从心底反省了吗？”

年轻人意识到了问题，说：“我总是在别人告诉我错误的时候，就按着他所说的正确的去做，从没有想过原因。”

智者笑着说道：“这就是问题的根源。虽然你改正了行为，但是却没有从内心深处深刻思考，就表示你的内心潜意识里还是很抗拒的，这样的话，你的表里是不一的，如何能达到效果呢。

所以说，只有心正，真正地接受一切，才能做到自身端正，也才能使自己的行为端正。你只是注重外在行为，没有端正最主要的内心，怎会成功？一定要记住，心正，然后才身正，身正才能行正。”

心正是修身的根本，则治人先治心。治心，并不能用各种规则来约束人，而是以一种尊重、平等、宽容的心态来彼此互换立场，使人产生奉献的精神，从而做出端正的行为，来更好地指导实践活动。

命运终究把握在自己的手中，只要我们拥有一颗充满正能量的心，就一定能够在自己的努力下有所收获。一个心术不正的人，是不会有好下场的，用佛教的话来说，他必将被打入地狱，受尽苦楚。所以，心正才是生存之道。

让自己的心中充满正直，以一颗宽容的心去面对人生，尽最大的努力去发展自己、帮助他人。切记，“心正、身正、行正”三者缺一不可，首先做到心正，其次要身正，最后要行正。心正的最高境界，即是无为而治，所表现出来的是内心正能量的无限强大，所以，我们应该努力让这股强大的力量来支配我们的生活，谱写光辉的生命乐章。

杨安觉醒秘籍

☆ 佛曰：命运实造于心。

☆ 心正的人，会由内而外激发力量，促使自我端正，进而使外在行为也变得得体。

☆ 心正之人，必定会得到上天的眷顾，扭转生命中的困难局面，获得成功与快乐。

☆ 心存恶念，必然会受到惩罚，陷入万劫不复的境地。

善，是心中最纯洁、最纯真的种子

真正的慈悲在于爱别人，不是爱自己。

——佛语经典

善是与生俱来的，每个人的心中都有善念的存在。它作为人内在的一种高贵品质，有着强大的推动力量。个人因为有善的存在，而生活得多姿多彩；社会因为有善的存在，而处处充满温情。因为有善，人生才更充实。

“人之初，性本善”，善代表着人心中最初的那份纯真，是心中最纯洁、最纯真的种子。作为一个完整的人，只有拥有善良的心，他才能无愧于人的称号，才可以被称为真正的人，他所经历的才可以算作真正的生活。

让善的种子在心中发芽，将会带给你无限的乐趣。因为向善，心中充满希望；因为行善，心中收获希望；因为积善，心中无限宽广。然而，很多人却无法意识到善所带来的简单的轻松与快乐，反而陷入了一个矛盾的境地。他们觉得行善并不像自己想象的那样，认为即使心中有善却还是痛苦的。

有个年轻人请教智者：“我是如此善良的人，为什么还是感到痛苦？”

智者慈悲地看着他说：“你之所以感到痛苦，是因为你的心中存在着恶与这个痛苦相对应。因为心中没有恶的人，是不会感受到痛苦的。”

年轻人一听，惊讶地说：“这怎么可能，我自认为是一个很善良的人，怎么可能是心中有恶呢?”

智者连忙说：“你不要着急。告诉我，你的痛苦，让我看看你的内心存在着哪些恶。”

年轻人说：“我的痛苦有很多！就说最近的两方面痛苦吧。同社会上一些没有文化却腰缠万贯的人比，我觉得自己作为有知识、有文化的人却没有他们收入高，很是不平衡；当我劝告朋友时，他们总是不听，这让我很痛苦。”

智者听完年轻人的述说后，说：“其实在金钱方面，你完全没必要痛苦。因为你的现实条件总能确保你和家人的生存，但是由于你的贪心太大，难以满足，加之把自己的身份抬高，产生了傲慢心，更加嫉妒他人，所以产生了痛苦；还有，别人不听你的劝告，你感觉到痛苦，这是由于你自己没有包容心，心胸太狭隘的缘故。”

年轻人似乎明白了很多，点了点头。

智者继续说道：“这些贪婪心、傲慢心、嫉妒心、狭隘心、其实都是恶心。正因为这些恶心的存在，你的内心才会有与之相对应的痛苦的产生。如果你能够把这些恶心全部去除掉，相信你的痛苦也就不存在了。”

年轻人会意地一笑，恍然大悟。

其实，很多时候我们都有这样的误区。我们把善仅仅看作向他人行善，却忘了投射到自己身上。所谓善，就如同把别人与自己融为一体，为别人开心而开心，为别人难过而难过，感同身受。坚持善法，就要消除心中的一切恶。

善，是我们心中最纯真、最纯洁的种子，能够产生巨大的能量，向我们不断地诠释着其在人生中的重要性。善的力量是无穷大的，它能够使这颗种子在人们的心中发光发亮，并不断地成长。拥有善良，使自己变得有修养、有品位，充满活力，获得回报，甚至会得到意外的惊喜；还能够帮助他人走出困境，进而把善传递下去，种植在每个人的心中。

男孩李宁由于考试失利，高中毕业后就没有继续上学，而是做了一名建筑工人。一天，他像往常一样的工作。当他和另一名工人一同站在脚手架旁沟通工作时，突然听到周围传来了叫喊声。

这时，他感觉到不妙，抬头发现工友站立的地方有一个不明的东西飞了过来。他想都没想，就把工友推开。所幸两个人都安然无恙。正当两个人平复恐慌的心情时，刚才李宁站着的地方有一块水泥板重重地掉了下来。

他感到非常庆幸，因为救了别人，也救了自己。他明白正是心中的善，使他获得了另一种意义上的“重生”。至此之后，李宁一直坚持心中的善，而工友也因为李宁的善心把善念作为心中的根本。

人生中，带着善良行走，必定会为你的未来带来幸运、友爱和最真挚的祝福。因为心中有善的种子，人们能够感受到他人对自己的善，并把这种感受内化为精神力量，从而让种子不断地萌芽、茁壮成长。

拥有善良的人，懂得有所为有所不为，坚持“勿以恶小而为之，勿以善小而不为”。有的时候，善良的人在面对自己的权益受到伤害的时候，会采取忍让的做法，这并不意味着他们不会抗争，而是因为他们坚信善可以解决问题，能够带着人们过上真正快乐、幸福的日子。

善是幸福的源泉，世界因为有善而变得多姿多彩。试想，倘若人间没有善的存在，那么对于个人来讲，生活必定是空虚的、无助的；对于人与人之间的关系来说，必定是冷漠的、无情的；对于社会来讲，必是黑暗的。

奥勒利乌斯曾说道：“善的源泉是在内心，如果你挖掘，它将汩汩地涌出来。”善这粒种子，存在于每个人的心中，只要发掘，都能够萌芽、开花、结果。想要他人也同你一样善良，就毫不吝啬地付出你的爱，来唤醒他心中的“睡莲”。

唤醒每一个人心中的善良，这个世界将会变得更加美好。其实，善良本就是一种处理问题的方法，它是用和平来向他人诠释自己内心的真诚，以感化他人。因为有善的存在，人的灵魂变得高尚起来，并使其做出更加美好的行为。所以，让这颗纯洁的种子在心中发芽成长吧！

杨安觉醒秘籍

☆ 善存在于每一个人的心中，即便是再恶的人。

☆ 真正拥有善良的人，是不会感觉到痛苦的，

☆ 坚持善法，就要消除心中的一切恶。

☆ 善能够带来巨大的力量，并将使人收获福报。

心有善念才会真正地反思

真实的善是每个人的心灵所追求的，是每一个人的作为，是一切行为的目的。

——柏拉图

善良的人们总是以善为行为的准则，认真地做好每一件事。但是，即使是这样，也不能保证每一件事都做对。上帝也是会犯错误的，更何况是人。那么，善的人之所以称为善，是因为他们在错误之后能够做到真正地反思，从而纠正自己的错误行为，以求尽善尽美。

心有善念的人，才会真正地反思。一个善良的人，总是在意自己行为的善意性。当一件事情发生的时候，他们善意的心便会唤起“沉睡着的大脑”，认真地去反思自己的行为方式，做到为他人着想。

有人曾说：“心存善念的人，便清楚什么是对的，什么是错的，从而用正确的标准来审视自己，去强化善良的行为。”这样的人，必然能够在反思中找到自身的问题，收获人生的经验，进一步地完善自己，获得他人的肯定与称赞。

在善念中反思自己的作为，成就了著名的“六尺巷”故事。

清朝宰相张廷玉大人同一位姓叶的侍郎是老乡，并且相邻而居。本来二人的关系是比较友好的，却因为争夺地皮而发生争执，产生纠纷，关系也因此而破裂。

张老夫人见状，便写书信给张大人，要求其出面干预。但是没有想到的是，张大人不仅没有按照老夫人的要求做事，还主动劝说老夫人——“千里捎书只为墙，再让三尺又何妨？万里长城今犹在，不见当年秦始皇”。

张老夫人看到张大人的劝说词后，反思自己所做的，便主动把墙往后退了三尺。这一举动，也激起了叶家人的心中善念，通过反思，他们也发现了自己的问题，深感愧疚，也马上把墙让后三尺。这样，张叶两家之间就有六尺宽的巷道。

在善念的影响下，两家都做了深刻地反思，以和平的方式处理了这次争斗，彼此和好如初。

因为心中有善，才会主动去挖掘心中最阴暗的一面。善念产生的力量必定是强大的，不然一个人怎么会愿意反思触碰自己的黑暗地带呢。当心中的正能量足够强大的时候，人就能够以强制弱，消除心中的恶，把善作为生活的出发点。

也许有的人会说，难道心中没有善念的人，就不会反思吗？那么回想又如何来讲？当然，我们不得不承认，即使是再恶的人也会去回想事情，但他们仅仅是回想，并不是反思。回想同反思有着本质的区别。

所谓反思，是找到你的恶，以善的方式来消除它。而没有善念的人，所做的只是想，并且他们的想并不是以自我反思为目的的，而是在批判他人中进行的，因为他们没有衡量的标准，无法发现自己身上的恶。

没有善念的人，不会真正地从自我出发，找到问题根源，这样看来，他们是想而不是思。因而，没有善念，就无法真正地反思。只有心存善念的人才能够真正的反思。

一位智者在向年轻人诠释善良的时候，曾这样说道：

“善良所带来的最大的受益者是自身。所谓善有善报，恶有恶报，善是一个人最大的福田。

心中有善念的人，比平常的人更拥有良知。因为他们能够及时地克制住自己的不良情绪，抑制住心中的恶，反思生活，达到无欲无求的境界，把真正的快乐作为毕生的追求。

所以，有无善念直接影响着人的思考能力。一个拥有善念的人与没有善念的人，其思考出发点是不一样的，想法也是不一样的。只有真正地心存善念，才能做到用心去反思，以自我为中心点寻找人生问题，在思考摸索中体会到人生的真谛。”

善念是一种观念，一种对生活的认识，更是一种智慧。它的存在，促使人们更加积极地去面对生活，真正地去挖掘内心最深处的角落，反思自我，帮助他人，以促进自身与他人的更好发展。

卢梭曾说过：“善良的行为有一种好处，就是使人的灵魂变得高尚，并且使它可以做出更美好的行为。”换句话来说，善良的人们都是有头脑、会思考的人，在反思中能够产生更好的行为。因为善良，他们看问题的出发点是正确的；因为善良，他们寻找问题的落脚点是恰当的；因为善良，他们解决问题的关键点是准确的。正因为这一切，他们品尝到了人生中的酸甜苦辣后，收获了真正的快乐，领悟了人生的真谛。

试想，如果一个人没有善念，那么一切会变成什么样子呢？没有善念的存在，心中的恶就如同魔鬼一般支配人的灵魂。自身做错事情，也不会承认，而是一味地夸大他人身上的缺点和错误，把一切责任都推给他人，变得自私自利，甚至在无限的欲望中迷失自我。即便没有做错事情，心中的恶仍潜藏着如一颗不定时炸弹，随时可能爆炸，这样的情况何谈反思呢？

不得不承认，心中有善念的人，才能够真正地反思。在善的反思中，感化心中的每一寸黑暗之地，收获光明，照亮自己和他人。整个人生，就是在这种一遍遍的反思中有所收获。所以，唤醒心中沉睡的“天使”，让它为你化解一切的痛苦，带你找到人生最单纯、最简单的快乐。

做一个心中拥有善念的人吧！这样的你，才是有魅力的！

杨安觉醒秘籍

☆ 真正地善良的人，会把善作为自己一切行为的目的。

☆ 反思，是一种内在的思考活动，是以自我为思考对象的。

☆ 没有善念的人，充其量做到的是回想，而不是反思。

☆ 经常问自己：你是一个心存善念的人吗？

越是注重小我，烦恼忧愁就越多

多欲为苦，生死疲劳，从贪欲起，少欲无为，身心自在。

——《八大人觉经》

生活中，人们总是有太多的追求，家庭、事业、金钱、感情……貌似看起来，这些追求将带给人充实的生活，然而却不尽如人意。一味地注重小我，会使人产生越来越强烈的欲望去不断地追求各种事物，看似这样的追求是美好的，但置身其中的人会发觉，这不仅不能够丰富人生，还会使人的烦恼越来越多。多欲必苦，少欲方为自在。

越是注重小我，就越意味着烦恼的增加。人的欲望是不会得到满足的，当一个人达到一定的目标后，就会用另一个目标来要求自己，以满足其无限的要求。同时，又过于注重自我的得失。这样的人，必定会由于太过自我，而产生更多的烦恼，以至于自身无法解脱。

曾经有人说过："把欲望缩到最小，把自身看淡，那么你会感觉到一身轻松，便再也不会为自己增添那些无谓的烦恼，这样你的人生才会是快乐与幸福的。"想得少一点，幸福就会多一点。越是注重小我，追求的就会越多，也就会给自己带来很多的烦恼忧愁，人生必定是疲惫不堪的。

有一位智者，很喜欢收藏茶壶。他曾经走遍全国各地来收集茶壶，碰到自己所偏爱的，花再多的钱都愿意。在他收集的众多物品中，有一只茶壶是最好的，他非常喜欢，轻易不拿出来示人。

这天，知己来访。于是，他决定用这只上好材质的茶壶泡茶来招待这位亲密的朋友。朋友看着这只茶壶赞不绝口，站起来仔细打量。突然，一不小心，手指一滑，茶壶掉在了地上，摔得粉碎。

然而智者并没有露出什么表情，而是蹲下身子，把这些碎片打扫干净，然后又拿出另外一只茶壶继续泡茶、说话，就像什么事情都没有发生过一样。

过后，有人问他："摔碎的是你最爱的一只茶壶，你不难过吗？不感到忧伤吗？"他说道："已经这样了，留恋又有何用？还不如放宽心，少计较一些自我的得失，就能少一些烦恼和忧愁。茶壶摔碎了，而我还在强调自己的失去，有什么意义呢？如果一个人太过注重自我，便会烦恼无限。"

很多时候，我们太注重小我，就会造成对已经产生的事情耿耿于怀，对未产生的事情过于追求，其实这些都是自寻烦恼。人生中，注重的太多，想的太多，必然会导致身上的包袱越来越重，以至于被压到无法站立的地步。所以，放开自我，注重的少一点，才能轻松多一点，快乐多一点。

要想烦恼、忧愁、痛苦少一点，就要放下不必要的、注重的少一点。

有一个年轻人来访问得道高僧，向他诉说自己的痛苦。

年轻人诉说到自己的种种忧愁和烦恼，讲到自己的人生多么的不尽如人意，命运多么的不公平，希望高僧能帮助他获得幸福。

高僧决定帮助这个年轻人走出困境。于是把他带到一块铺满幸福的宝地，并递给他一个背篓。告诉他，把这块宝地上任何你想要的东西，都捡起来扔到你背后的背篓里面，最后你背篓里面的东西就都是你的了。

年轻人看到宝地上的所有幸福，非常高兴，迫不及待地行动起来，唯恐这些幸福会突然消失。他快速地拾着，有事业、有友谊、有爱情、有金钱……这么多的幸福都被年轻人装了进去。

幸福装的越来越多，背篓变得越来越重，走起路来越来越艰辛。年轻人原本的高兴也荡然无存，脚步也变得越来越慢。由于背篓里的幸福太重了，无法再继续承受下去，便累倒在地上。

这时，高僧问年轻人："背篓里已经装满了你所认为的幸福，那么你现在快乐吗?"年轻人露出一脸痛苦的表情，连忙摇头说："一点都不快乐，甚至比以前还要痛苦。我感觉整个身体都已经承受不住了，太难受了。"

高僧便引导年轻人："那么现在你尝试着把这些幸福都扔掉。"年轻人按照他说的话，把背篓里的幸福都扔了出去。随着"幸福"的扔出，背篓也越来越轻，年轻人也就感觉到越来越轻松。

当高僧再次问他，此时是否已感觉到幸福，他回答道："是的。"经历了这件事情，年轻人终于明白了自己痛苦的根源——"太多"。也就是说，越是注重自我，烦恼和忧伤便越多，也就越痛苦。

放下，才能收获真正的快乐。在世俗的社会中，我们很难做到一切都不在乎，但是应该控制我们所注重的幸福。的确，生活总是需要我们有所注重的，但是必备的自我注重并不需要多么分神。

很多时候，人们往往强加到自己身上太多的东西，过于注重自我，但是毕竟我们的精力是有限的，这些烦琐的事情常常会把我们弄得焦头烂额、疲惫不堪。那么，只有选择放下，才能放松我们的心灵，也才能收获真正的幸福。

越是注重小我，烦恼忧愁就越多。试想，一个人如果过多地去注重小我，就必然会在各个方面“斤斤计较”，这样的人就会变得神经质，为自己增加很多不必要的忧愁和烦恼，长时间下去，就会痛苦不堪，造成心理扭曲。

所以，放开才是生存之道。过于注重自我，就会不知道自己心中所真正想要的，而一味地去过毫无目的却又紧张、压抑的生活，必然使人产生更多的烦恼和忧愁。只有放开，看淡小我的一切，想的少一点，追求的少一点，才能开心地过好每一天的生活，并慢慢地享受到生活所带来的乐趣。

杨安觉醒秘籍

☆ 少一点自我，多一点轻松与快乐。

☆ 人们痛苦的根源在于——“太多”，即注重太多、追求太多、想要太多。

☆ 放下，才能收获真正的快乐。

善心，责任心的另一个名字

每个人都被生命询问，而他只有用自己的生命才能回答此问题；只有以“负责”来答复生命。因此，“能够负责”是人类存在最重要的本质。

——维克多·弗兰克

善心与责任心两者共存于人的心中。一个人，拥有了责任心，便拥有了善良；拥有了善良，也必定具有强烈的责任心。换句话来说，善心即是责任心的另一个名字。因为心存善良，所以加倍努力地待人、待事、待己；因为责任，所以帮助、照顾他人。

善心，是一种责任心。一个人心中拥有善念，便会要求自己更好地为他人服务，并时时刻刻地以善来约束自己的行为，而这一切无疑不是责任心的体现。试想，一个人如果能够做到处处行善，那么他必定是严格要求自己的，所支撑他的必定是强大的责任感。

善心与责任心虽字眼不同，却都体现了一个人高尚的品质。善心促使责任心的发展，责任心强化善心的内涵。它们相互作用，促使人做出正确的、积极的行为，以促进自身与他人的发展。

曾经有一个男孩，在他很小的时候，妈妈就告诉他：“一个人做善事是不受条件限制的，关键是自身想不想做。”他明白了妈妈的话后，便开始热衷于做善事。

当他打工的时候，每个月只有微薄的收入，却还是会拿出其中的1/4塞到捐助箱里。这一行为并没有使他变得更穷，相反，他的命运逐渐有了转机。

他结束了打工的日子，决定一个人外出闯荡天下。不几年的时间，他已经积累了一定的资本，并同他人合资开办了一个公司。之后，合伙人由于种种原因，将财产转让给了他。

公司成为了他自己的私人企业后，他所做的第一件事就是把企业所得的1/10捐给社会。虽然当时企业已经发展壮大，但如此的捐献，仍显得有点力不从心。

很多人都在质疑他的做法，但是他却没有动摇，继续地做着善事。慢慢地，人们也就不再怀疑他的行为，反而，越来越佩服他。当人们了解到他的全部过去后，全被他的善良所感动，并且感叹于他的坚持，为他强大的责任心所震撼。

人们开始纷纷去买他公司的产品。他不仅没有因为捐献而贫穷，公司还越做越大，逐渐发展成为大企业。所有的这一切，都源于他那“忠贞不渝”的善良，激发了强烈的责任感，让他在帮助别人的同时，也收获了成功。

其实，善心就是如此。它的存在促使人们不断地从事善举，来审视自己、帮助他人，并以高度的责任感来要求自己。“人之初，性本善”，所以善是人最初的本性。这也就决定了，善必然存在于人的心中，无法消除，因而，当善心这颗种子生长长大后，就会把恶遏制并消除，从而长久地发展下去。这时，人们就会以善心为行动的准则，由此便形成了一种责任感。

当人们在从事一项工作的时候，责任心是成功的必要前提。拥有责任心的同时，就会促使你在工作的时候，大发善心，帮助他人，完成自己的事情。如果一个人在责任心下，还能够把握住善心、爱心，那么将会有意想不到的收获。

有一位年轻人，在商店做服务员。这天，下起了大雨。一位老妇人走进了这家商店，闲逛起来。其他的店员看到这个老妇人，都觉得她只是进来躲雨的，便对她不理不睬。

但这位年轻人看到她后，便主动上前同她打招呼，并非常友好地询问她是否需要帮助。老妇人说道："自己也不确定需要什么东西。"于是，年轻人就陪着老妇人把整个商店都逛了一遍。在逛的过程中，他还非常耐心地向老妇人讲解各种商品。

年轻人拿着购物篮跟在老妇人的后面，每当她挑好东西后，就放进篮子里。年轻人便提着越来越重的篮子，心中一句怨言都没有。当老妇人买完东西，打算走时，年轻人还把自己的伞借给了她，并把她送到门口，为她撑开伞。老妇人为年轻人的行为所感动，向他要了张名片，便离开了。

一连过了好几天，年轻人都快忘记这件事情了。突然，老板把他叫到办公室，说要给他一份更好的工作。正当年轻人摸不着头脑的时候，老板说出了那天的老妇人便是自己的母亲，对他说道："你不仅非常有责任心地完成了分内的工作，而且还善意地去帮助他人，是非常难得的。一个具有责任心和善心的人，必定是优秀的人。"

之后，年轻人到了新的岗位上，开始了新的工作。慢慢地，他一次次被重用，最终成为了一名出色的管理者。

因为拥有责任心，所以年轻人认真地工作，主动询问老妇人有何需求。因为心存善念，所以年轻人积极帮助老妇人。因其有责任心，所以希望做到最好；因其有善心，所以希望更好地为他人服务。由此可以看出，善心与责任心是相互融合的，甚至从某种意义上来讲，善心就是责任心的另外一个名字，因为它们的初衷、目的都是一样的。

心中有善，就会行为向善，就会尽自己最大的努力帮助他人，从而体现出高度的责任感。我们无法去真正地划清善心与责任心两者的界限，它们彼此是相融的，甚至是可以体现出彼此的。

所谓的“善心，是责任心的另一个名字”，意在向我们诠释一种衡量人的标准。没有善心的人是没有责任心的，没有责任心的人也很难心存善念。把两者相融合，甚至融为一体，就表明你的人生已经达到了一个很高的境界。

在人生中，让善心更加坚固一些，让责任心更加柔美一些吧！这样你的人生才会发光发亮！

杨安觉醒秘籍

☆ 多一些善心，就会激发更多的责任感。

☆ 多一些责任感，就会强化更深层次的善念。

☆ 一个具备善心和责任心的人，必定是优秀的。

☆ 善心与责任心的两者融合，是个人修养的较高境界。

走出狭隘的自我，做一个真正的大我

走出狭隘的自我，生活才真正开始。

——爱因斯坦

真正的生活，带给人们的是快乐。然而，在现实生活中，很多人却感觉不到快乐，反而更加痛苦。这究竟是因为什么呢？或许是这些人太过在意周围的一切，从而陷入了一个狭隘的境地，在不断地纠结、矛盾中痛苦徘徊，因而走出狭隘的人生，才能收获美好。

所谓“狭隘”，是指人在思想和行为方面所产生的误区。容不得他人的批评指责、看不得比自己优秀的人、自私自利……这些都是狭隘的表现。而恰恰就是因为它们，使得人无法真正的享受快乐，只是在浑浑噩噩中生活，一生也不过在碌碌无为、不堪回首中度过。

狭隘的自我，所带来的必定是狭隘的人生。一个人，如果心胸狭隘，那么他就会跟周围的事物格格不入，甚至跟自己作对。其实，狭隘所伤害的并不是别人，而是自己。狭隘的人就是在跟自己过不去。总是固执地坚持狭隘的自我，心中便会积聚更多的仇恨，慢慢地，自己就会“毒发身亡”。

曾经有一个人因为梦境而走上了绝路。

梦中的情景是：有一个身穿黑衣、头戴绿色帽子、脚穿一双白色的鞋、手拿一根木棒的彪悍男子，看到他后，大声辱骂他，还拿着木棒朝着他的后背打去，并把口水吐在他的脸上。他毫无还手的机会，就这样一直被打着。

天亮后，他醒了，但还是面带痛苦的表情。定了定神，才发觉这一切只是个梦，但是心中却感觉非常真实，迟迟不能安定下来。

到了下午，他见到了朋友，就跟朋友说道："我长这么大，还从没有受到过欺负。昨天晚上却在梦里被人打骂，心里实在是太憋屈了。不行，我咽不下这口气，一定要把这个人找出来，否则的话我就不活了。"

朋友劝他这只是一个梦，根本就找不到这样的人，何必跟自己过不去，如此伤神费力，但是他却不听，只想出气。

之后，他每天早晨起来就满大街地去寻找梦中的仇人。但是，一个月过去了，他仍然没有找到。

虽然事情已经过去，但是因为他始终不能释怀，后来，竟然自杀身亡。

其实，这个故事看起来一点都不会令人感觉到奇怪。因为他的狭隘，便对梦境中发生的事无法做到释怀，一次次的寻找仇人失败，心中便产生了极大的失望，加之身心受到焦虑、仇恨等种种痛苦的折磨，导致心理畸形，产生悲惨的结果。

狭隘的人常常会对一些琐碎的小事耿耿于怀，很难抛之脑后，总是想着寻找时机，加倍偿还给他人。这样的人，只会在一次次的狭隘计较中，自取灭亡。所以，人必须走出狭隘的自我，才能做一个真正的大我。

小沙弥问道："师父，何为真正的大我？"

师父摸了摸他的头，笑着说："真正的大我，是人生的一种高尚的境界。即宽容、从容、淡然，与狭隘完全相悖的积极人生智慧。

做到真正的大我，便要学会放下。佛经上说：'如何向上，唯有放下。'放下狭隘，心变宽了，天地也就宽了。我佛曾描述放下的最高境界：'菩提本无树，明镜亦非台，本来无一物，何处惹尘埃。'

同时，要做到真正的大我，还要具有从容的胸怀。做到'宠辱不惊，看庭前花开花落；去留无意，望天空云卷云舒。'"

小沙弥点头说道："原来真正的大我，是如此高的境界。"

"这是当然的。一个人只有放下了狭隘，心存善念，以宽容、淡然的态度来修身，必然能够做到真正的大我，消除人生中的一切痛苦，获得最纯真、最简单的快乐。"

真正的大我便是如此——把放下当作一种方式，把从容当作一种态度，把宽容当作一种习惯。用自己心中的善良，去唤醒自己心底的阴暗之处，用一种博爱的心，去热爱生活中的一切，如此方能铸就辉煌。

爱因斯坦曾说道："对于我来说，生命的意义在于设身处地地替他人着想，忧他人之忧，乐他人之乐。"其实，这就是放下狭隘的自我，用一颗善良的心去博爱他人的真正的大我品质，彰显出了人生的智慧。

走出狭隘的自我，才能走进真正的生活。何为真正的生活？真正的生活便是人们能够享受到幸福和快乐。如果一直封闭在自我的狭隘空间里，就会把外界的一切所隔断，所感受到的也只是空虚、无助、恐惧与痛苦，根本没有快乐的存在，不可能拥有真正的生活。

相反，走出了狭隘，做一个真正的大我，打开心扉，去接纳命运所赐予的一切，用宽容的、善良的心去看待生活，必然能够静心享受人生的每一寸芬芳。这样的生活，是多么的丰富多彩！

狭隘的人就如同“装在套子里的人”，整日地生活在自己冷漠狭小的世界里。他们处处以自我为中心，冷眼看待这个世界，甚至牺牲别人来换取自己所谓的快乐，到头来，人生不过是一场噩梦。所以，坚持做一个真正的大我吧！放下狭隘，宽容他人与自己，以一颗淡然之心来面对生活中的一切，这样必然能够收获真正的快乐！

杨安觉醒秘籍

☆ 狭隘的自我，必然导致人生的狭隘。

☆ 狭隘就是“毒素”，积聚太多，人便会“毒发身亡”。

☆ 做真正的大我——放下狭隘，宽容一切，从容面对。

☆ 真正的大我，诠释着生活的真谛。

☆ 经常问问自己：做到真正的大我了吗？

大爱才是真爱，懂得真爱的人最幸福

慈悲心是菩提心的基础，如果凡事只想自己，不替别人考虑，慈悲心就发不出来，更谈不上发菩提心了。

——佛语经典

人生中，总有那么一些人，不计报酬地帮助他人，甚至为他人牺牲自己的一切。或许，有人会把这样的人称作“傻子”，但是，我却觉得这样的人是最美丽的。在他们身上，我们所能看到的是一种博爱的精神，是一种对人生的追求。

我们总是纠结于自身的情感问题——友情、爱情、亲情，把它们看作是生活中的真爱，用全部的精力去维护。殊不知，这些爱同另外一种爱比起来，是那么的微不足道。这种爱就是大爱。大爱是爱一切人，绝不仅仅局限于朋友、爱人、亲人之间，一种真诚而又不做作的爱。

大爱才是真爱，是爱的最高境界。当说一个人心中充满爱的时候，那他必定是胸怀博爱，否则，只知道对自己在乎的人施爱，只能被称作是一种狭隘的爱，更无法被称为发自内心的真爱。在爱的国度中，所能表现真爱真谛的即是大爱。

有一位年轻人，与长者探讨人生中爱的真谛。

年轻人问道：“请问您是怎样理解真爱的呢？”

长者捋了捋胡须，若有所思地慢慢说道："所谓真爱，是泛爱、博爱、大爱。爱一切人，爱人的一切，便是爱的真谛。"

年轻人疑问："那爱情呢？难道就不是真爱了吗？"

长者笑着说道："爱情，是一种小爱。它不能够代表真爱，因为一个拥有爱情的人，就一定会爱与自己素不相识的人吗？显然不一定。而大爱则是爱一切人，体现的是人高尚的精神境界。"

年轻人听完后，点点头，说："我明白了。爱的最高境界便是大爱。大爱无边，真爱永恒。"

长者继续说："一个人懂得了真爱，便是最幸福的。因为他找到了自己的价值。"

大爱彰显了人最真诚的心灵，诠释了人最美好的希冀。一个拥有大爱的人，必定能够被众人所喜欢，他的人生也必是幸福和快乐的。因为他懂得用爱去温暖自己、温暖他人，那么这个人的内心将充满光芒，以此来照亮自己、照亮他人。懂得真爱，往往只为付出，却不求回报，然而，生活却更加眷顾他们，让他们在一次次的奉献牺牲中收获灿烂辉煌的人生。

"最美教师"，是人们给予张丽莉的爱的称号。

张丽莉老师是佳木斯一所中学的语文教师，并担任班主任工作。一天，放学时，当她正在路旁疏导学生过马路的时候，一辆客车突然失控，毫无征兆地向学生们冲来。其实，她本可以躲开，但是在这危急时刻，她却选择了推开学生，自己用力向前一扑，被客车撞倒。

车轮从她的身上碾过，把她轧得血肉模糊，场面惨不忍睹。人们立即把她送往医院，即便自身伤成这样，在途中，她还告诉大家：要先救学生。

经过多天的抢救，医生总算是把她从鬼门关拉了回来，但是，不幸的是她被高位截肢，失去了双腿。当所有人都担心她无法面对这一事实的时候，她却非常坚强地接受了这一切，并反过来安慰父亲。她说她非常幸运，救了学生，也保住了命，并坚信今后一定会幸福。

当有人问道："你后悔吗?"她坚定地回答："不后悔。"她认为那些孩子还太小，人生才刚刚开始，不能让他们受到伤害。她觉得用自己的一条命，来换孩子们的美好人生是再值得不过的了。

她的事迹传遍了中国，很多人都被她的事迹所感动。从出事以来，越来越多的人来医院探望她、为她捐款，政府也组织医疗小组时刻关注她的病情。毫无疑问，她成为了2012年度感动中国人物之一。

或许，她从没有想过回报。但是，她的大爱行为为她带来了更多的温暖。她获得了他人以及社会的肯定，收获了更多的爱心。虽然，她失去了双腿，但是却始终为孩子们的平安成长高兴。这样的她，心中必定是幸福的。

懂得真爱的人才最幸福。正如张丽莉老师，她是如此的幸福，她的内心是满足的，因为她的付出是值得的，她便是快乐的。一个人，拥有大爱，便会为他人奉献自己的一切，那么这个人会在奉献中找到自己所存在的价值，在获得他人的肯定中得到真正的幸福与快乐。

人生的真正价值在于对社会的贡献。只有大爱的人，才会发自内心地去爱他人，才会愿意为他人、为社会贡献自己的一份力量。虽然，个人的力量是很小的，但是全社会的人的力量都凝聚起来，那就是巨大的、无坚不摧的。大爱之人，时刻能够找到自己的位置，实现自己存在的价值，感受到充实与快乐。

爱是人类永恒的主题，把爱当作一种习惯，这样你便是快乐的。爱在心中，温暖便无处不在。一个人，只要他的心是明亮的，便是幸福的。在奉献与牺牲中，人才能够明白生命的真谛，感悟到生命的伟大，并敬畏生命。大爱才是真爱，懂得真爱才是幸福的。所以，常怀大爱去生活，你的人生才会与众不同。

让大爱继续，让人间更加温暖，让生命更加有意义！

杨安觉醒秘籍

☆ 爱的最高境界，便是大爱。

☆ 因为有大爱，人间才更加温暖。

☆ 一个懂得真爱的人，能够在人生中找到自身存在的价值，在奉献与牺牲中收获真正的快乐。

☆ 不要把自己的爱局限在朋友、亲戚、家人中，用你那颗能够绽放出巨大能量的爱心，去爱更多的人吧！

☆ 把爱当成一种习惯，爱一切人。

小测试——测试你内心的善良度

有一天，你和自己的另一半大吵一架，第二天对方让快递给你送来一个箱子。凭直觉，你觉得里面会是什么呢？

1. 昂贵的皮件。

2. 一定有诈，可能是臭臭的大便。

3. 过去的情书、礼物。

4. 空箱子。

5. 温馨的小礼物。

答案：

1. 选“昂贵的皮件”。

你的内心善良程度40%，你长得很善良，外表只是你的伪装，真正善良与否得看以后的造化！

2. 选“一定有诈，可能是臭臭的大便”。

你的内心善良程度55%，会因特定的人事物而激发出你善良的一面。你虽然不会加害别人，但防卫心较重。

3. 选“过去的情书、礼物”。

你的内心善良程度99%，是天生善良型，是上帝派来的小天使，要小心不受他人欺骗。

4. 选“空箱子”。

你的内心善良程度20%，猜忌心相当重，大概一年才做一次善事，有时候想得太多。

5. 选“温馨的小礼物”。

你的内心善良程度80%，潜在的慧根会让你越老越善良；如果身边有善良的朋友，会受他们的影响而激发出潜在善良性知。

第七章

活在当下，在生活中修行

生命只有一次，时间才是最大的财富。我们拥有的时间只有当下，拥有了现在，也就拥有了过去和未来。人生，就是一个钟，每个人都是在预先定好的圈里轮回。过去，不属于我们；未来，我们不知道。如果在这一秒，你选择了快乐，那么无数的快乐连起来就会流成一条快乐的河。

控制住自我的情绪，莫为小事抓狂

一个人如果能够控制自己的激情、欲望和恐惧，那他就胜过国王。

——约翰·米尔顿

情绪时刻伴随着我们，它给予我们快乐、悲伤、烦躁、恐惧……这众多的心理感受传递着生活的真实写照，这是生活中必不可少，也是无法回避的事实。我们应该认同它的存在，采取合理的方式去接纳它，让情绪和理智之间保持平衡，和谐相处。

曾经在一档电台节目里听到过这样一个节目，是让大家讨论成熟的标准。其中有一位观众发来这样一条短信："成熟的标准就是：该哭时不哭，该笑时不笑，该怒时不怒……"当主持人念到的时候也笑侃道："那还是人吗？"

的确是这样，是人都会有情绪存在，都有喜与乐、悲和哀，也有七情和六欲。但不管有多少情绪的表达方式，都应受到理性的调控，要是把握不好就会给我们的生活和工作带来许多的麻烦和烦恼。

情绪失控会让人产生愤怒，烦躁的情绪，暴躁不安，影响自己对很多事物的认识和判断，一言一行被情绪所控制，造成严重的后果，对自己造成伤害。

在佛陀的同一时代，有一个人叫央掘罗摩罗，是个杀人魔王。有一天，有个人告诉他说：“如果想要成仙，想要解脱，必须要杀够五百个人。然后，用刀将这五百个人的大拇指剁下来，穿上小洞，用一根绳子穿成指缦，放在颈项，就像项链一样。如果能够杀到五百个人，你一定可以得解脱、成仙。”

这种认识当然是非常荒谬的！可是，央掘罗摩罗却深信不疑。因此，他见人就杀，杀人不眨眼，好像杀鸡、打蚊子一样。很快，就杀到四百九十九个。看到还有一个人就够数了，央掘罗摩罗很高兴。

这天，央掘罗摩罗在路上看到一个人从对面走过去，他冲着对方大喊一声：“停住！停下来！”可是，那个人没有理会他，依然安详地走自己的路。

央掘罗摩罗想，怎么回事？每个人看到我后都会浑身发抖，这个人为什么不怕我！一气之下，央掘罗摩罗赶到前面，大叫一声：“你知不知道我是谁？我让你停下来，你为什么不停下来？”

那个人说：“我已经停下来了，没有停下来的是你！你还在一直追追追，我不知道你在追些什么！我很早就停下来了。”其实，说话的这个人就是释迦牟尼。

央掘罗摩罗听完这些话，如当头棒喝：“对！我的心根本就没有停下来，杀五百个人就可以得解脱，根本是不可能的。”央掘罗摩罗明白了，便跪下来请求跟释迦牟尼出家修行。

慢慢地，央掘罗摩罗的心就停下来了，他就是最后的阿罗汉。

在我们身边，有些人是有情绪的，有些人是没有什么情绪的，当然没有情绪的人比较少。已经成佛的大菩萨们，通常没有什么情绪；可是修行没有达到一定功夫，一定都有情绪。当然，情绪有好的，也有善的，可是没有修行的人，绝对都是负面的情绪。

很多时候，我们可以把情绪看作我们倾诉内心真实情感的一种语言。在生活的许多琐事中，我们没有处理好与情绪的沟通和接纳它的存在，让情绪被我们的不良性格所支配，使情绪失去控制。比如，我们会因为别人一句无心的话而浮想联翩，会因为出门突然下雨骂老天不长眼，会因为跟爱人闹别扭把气撒在孩子身上，会因为与同事意见不合争论不休甚至大打出手……诸多的失控行为，让自己与他人格格不入，让人觉得自己就是一个浑身带刺的刺猬，对你敬而远之。

失控产生的不良情绪也会像细菌、病毒一样传染给你身边的人，往往会因为你一个人的消极情绪，而让你身边的人也感到压抑，破坏掉一次不错的外出旅行，一场欢快的聚会。这种现象有人把它形象地称为“情绪污染”。

情绪变化的活动，常常围绕在我们生活的每一个角落，要做好自己情绪的调控能力。合理看待自己的得与失，不要对生活抱怨，少一些欲望，多一些平和，少一丝躁动，让心静下来，简单的生活。其实，有时候自己最想得到的就在眼前。

有一位老人在海边钓鱼，他把钓上来的鱼又扔回大海。一个年轻人看到老人这样做非常的不理解，便问老人：“你为什么不把好不容易钓上来的鱼拿到集市上去卖呢?”

老人说：“我为什么要拿去卖掉呢?”

那人回答道：“卖掉你可以得到很多的钱啊”

老人又问：“有了钱又可以干吗呢?”

那人回答：“有了很多的钱你就可以在海边买个房子，然后天天都可以吹着海风在这里钓鱼了，那样多好啊!”

老人微笑着回答说：“我现在就是在钓鱼啊。”

寓意颇深的一个故事。这说明在遇到任何事情的时候，都要用感激的心态去看待问题，所经历的任何事都有其有利的一面，就像被刺扎伤让你知道了刺的锋利一样。让自己的心沉静下来，远离世俗纷扰，认真做好自己眼下的事。

面对他人的过失或对自己的侵犯，要先用心去倾听别人怎么说，不要急于表达自己的看法，控制自己的情绪不要恶语相向。用嘴伤害人，是一种愚蠢的行为，因为佛说：“毁灭人只要一句话，培植一个人却要一千句话，请你多口下留情。”佛还说：“人本不是坏的，只是习气罢了，每个人都有习气，只是深浅不同罢了。只要他有向道的心，能原谅的就原谅他，不要把他看作是坏人。”

做自己情绪的主宰，不要让他人的情绪影响自己的情绪。如两朋友去一家名品店购物，售货员表情冷漠，且态度恶劣，一朋友顿时非常的愤怒，一直有找他理论的冲动。另一朋友劝解道：“干吗要他的情绪影响咱的情绪啊!”

是啊，当我们遇到类似的情况时，也该采取这样的方法，告诉自己：“干吗要你的情绪影响我的情绪呢?”或许你面对的这个人确实有其他的原因，没有控制好自己的情绪吧。

不良情绪时常隐藏在我们的生活中，控制好自己的情绪，内心平静，头脑清醒，才会有敏捷的思维应对身边发生的所有事情。成功者善于控制自己的情绪，反之，则被情绪所控制。

杨安觉醒秘籍

☆ 别让焦虑像雪球一样越滚越大。

☆ 提醒自己：人生不是什么紧急事件。

☆ 不要被情绪低落愚弄了。

☆ 心情好时要怀抱感激，心情不好时要保持风度。

有时候不妨听听内心所发出的真实声音

兼听则明，偏听则暗。

——《新唐书·魏征传》

我们经常思考和探讨一个问题："在人的一生中，什么才是最重要的?"关于这个问题，不同的人会有不同的答案。因为每个人都会有自己不同的期望和理想。要想知道自己真正需要的是什么，就要在繁忙之余留出一点时间，倾听一下自己内心的真实声音。

真实准确的答案在老师那里学不到，在发达的互联网上也搜索不到。随着时间的流逝，我们的真实内心也在不断地更替着、转变着。时常用心聆听自己内心的呼唤，认识它、尊重它、认可它、接纳它。

顺应自己内心的声音，接受他的引领，才不会迷失方向，找到自己真正想去的地方。生活才能多姿多彩，处处充满激情和愉悦的气息。

在一个美丽的花园里，长满了众多的梨树、橘子树，还有苹果树和玫瑰花，它们生活得非常的愉悦和幸福。

可在一旁的一棵小橡树却感到非常困惑，一直搞不清楚自己到底是谁？苹果树觉得造成这样的原因是因为橡树不够认真，于是对它说道："如果你真的认真和努力了，就会像我一样结出无数甜蜜的果子。这个再简单不过了。”

在一旁的玫瑰花听了苹果的话，对小橡树说道：“别听它瞎说，开出美丽的玫瑰花来才是最容易的事。”

小橡树想不出更好的办法，只好照着它们的建议奋力的努力着，但它的努力没有换来它想要的结果，它感觉自己越努力，越失败，始终没能长成和它们一样。

后来一只雕来到花园，当它听说了小橡树的困惑之后，对它说道：“你的问题不算严重，其实很多的生灵都有着和你一样的困惑，你不用太过担心。让我来告诉你该怎么办吧。你就是你自己，不用照着别人的想法去做，你要用心去了解你自己，倾听你内心真实的声音，让它告诉你答案吧。”

小橡树不停地、不解地念叨着：“做自己？了解自己？倾听自己的声音？”

它闭着眼睛，全神贯注地念着，终于它听到了自己内心的声音：“你是结不出果子的，你不是苹果树。你也不会有花朵盛开，你不是玫瑰。你是一棵橡树，你的本性就是长得高大挺拔。你的使命是供鸟儿栖息，美化环境。不要再犹豫了，去完成你的使命吧！”

从此，小橡树浑身充满了力量和热情，自信地向着自己的目标飞去！

在当今社会中，我们都有自己特定的发展空间，也有自己的使命和位置，应该清楚地认识到这一点。保持头脑的清醒，每时每刻都要明白，过去无法改变，未来的一切又建立在每一个当下的基础之上。你只管认真地做好当前的事情，注意倾听内心的每一个声音。

许多时候，内心决定你眼前的境，各种境界的呈现都源自你的内心。快乐的时候，你觉得万物充满生机；忧郁的时候，你感觉一切都是那么的暗淡失色，小鸟本在为你唱歌，你却拿了一把弹弓把它打掉，嫌它太吵。“打起黄莺儿，莫使枝上啼。啼时惊妾梦，不得到辽西。”这就是对这种心情的真实写照。

因此，你怀有怎样的心，就会看到对应的世界。可你的看法是真实的吗？不一定。因为每个人的眼里都有着不同的世界，想法也在不停地变化着。那么，什么才是真实的世界呢？是流动的水，是分秒生灭的细胞，是变化，是空。

世界的本质为空，但不是说我们的一切行为都毫无意义可言，更不代表我们应该抛弃一切，而应该用更加智慧的心态来体验人生。

那什么才是真正的智慧？怎样去判断自己的选择是智慧之举，还是懦弱逃避或者冲动行事呢？佛家认为，假如你懂得什么是真心，并随时能以真心做事，那么你就是真正的智者，你的选择就是一个智慧之选。

那怎样去辨别自己是真心状态还是妄念状态呢？进入真心的状态就是你停止妄念的时候。那就是用心专注于眼前的事，时刻关注自己的真实内心，保持觉性。只有掌握自己内心的真实状态，才不会胡乱想象，真正制止妄念。

当自己不由自主地闪出妄念的时候，不要刻意地去压制它，这只会让你产生另一个妄念。你只需要静静地在一边看着它，任它来去自由，不要过多地去关注它。这样，它就不会扰乱你的内心，你也不会因为想把一个浪头按住而激起更多的波浪。

一个大学生毕业之后，偶遇车祸，双目失明，经过多日的奔波才找到一份调琴师的工作。回到家里，他便和家人说明此事，可是所有人都说："你的眼睛看不见，不适合干这行。即使被聘用，过不了多久老板肯定也会把你给辞退的。"

可是大学生却说："我的眼睛虽然看不见了，但我的耳朵十分灵敏，我一定可以做好调琴师这个职业的。"家人拗不过他，只好同意了。

大学生态度认真，吃苦耐劳，老板被感动了，经常给他指点迷津。他的调琴技术得到了飞速的提升，受到了老板的重用。最后，他通过自己的努力开了一家调琴公司，成了专业的调琴大师。

故事中，如果这位盲人大学生没有坚定地走下去，说不定会一事无成。其实，有时候，听取别人的意见是一种错误的行为，因为这样会使你动摇原本坚定的心，只有自己下决心坚定地走下去才是最好的。所以，走自己的路，让别人去说吧！

如果你从来没有学会观察自己的内心世界，也不知道该如何去做，不如就从留意自己的念头做起。保持头脑的清醒，任何时候都不要心不在焉，每时每刻都要明白，过去无法改变，未来的一切又建立在每一个当下的基础之上。你只要安心做好手头的事情，注意倾听内心响起的每一个声音就可以了。

但是，这种倾听也不能过于刻意，假如太过刻意的话，它就会变成另外一种妄念。注意，倾听是为了不跟随，而不是为了以一种妄念压制另一种妄念，更不是为了形成一种新的对立。

每个人都有着强烈的成功欲望，且不停地奋斗着，当自己走得太久太累的时候，对当初的目标开始模糊起来，不知道当初的想法该如何去坚守了。这时，你可以停下脚步，让心沉静下来，听听自己内心真实的声音，或静静地单独待一会儿，和自己的内心交谈，倾听自己的声音，让浮躁不安的心灵沉静下来。

时刻告诉自己：无论什么时候，自己才是最重要的，倾听自己的内心，相信自己的内心，相信自己，找出一条真正适合自己的道路，将会有无数的机会走向你。

杨安觉醒秘籍

☆ 人生的脚步常常走得太匆忙，所以我们要听听内心发出的声音。

☆ 停下来笑看风云，坐下来静赏花开。

☆ 沉下来平静如海，定下来静观自在。

自己想要的，真的就能得到吗

宁静来自内心，勿向外寻求！

——佛语经典

记得在小的时候，总希望自己能够快快长大，因为长大之后就可以挣脱父母的管教和束缚，想出去玩就出去玩，想不睡午觉就不睡午觉。可当自己真的长大成人之后，愿望得以实现之后，却没有体会到当初的那种幸福感，反而觉得自己的愿望是那么的渺小。

等到自己上班工作的时候，经常被闹钟从睡梦中惊醒，脸不洗牙不刷的就往办公室冲，就怕迟到几分钟，又要看领导的脸色。每当这时就会怀念起小时候无忧无虑的生活，心里又很希望要是能实现弹性工作制该多好啊，可以自由地安排工作时间，睡觉睡到自然醒，在家办公也不会有人过问。

可当自己好不容易混到可以自由安排上班时间的时候，当初期望的美好幸福感又跑得无影无踪了。因为多年来养成了按时起床的习惯，已经没有睡懒觉的习惯，还是早早的醒来，睁眼瞪着天花板到天明，幸福感更无从谈起。

其实，类似的事情在很多人身上都在以不同的方式上演着，都在不自觉地回顾眷恋着过去，憧憬担忧着未来，不停地奔波着，却忽视了此时、此刻、此景。

佛说，我们从冥冥之中来，又从冥冥之中而去，既然这样，我们就应该放慢自己前行的匆匆脚步，静下心来好好欣赏和感受身边众多的美景。人生也像是在进行一场登山运动，那些急于登上山顶的人，看到的只有绵延模糊的山川和走在后面的行人，却忽略了沿途的美丽风景。

现实生活中，众多的人都处在疑惑中，却从没有停止过前行的步伐，不停地追求自己想要的东西，可得到之后却没有了当初的幸福感，深感自己还是没有得到自己真正想要的东西。

有一天，佛陀刚用过午膳，一个商人就急匆匆地跑来请佛陀为他解除疑惑。

佛陀把他带到了一间静室，商人用很长时间诉说着自己对往昔的追忆和懊恼，也絮叨着自己对将来的向往和担忧，对自己现在的状态也深感苦恼和疑惑。

当佛陀耐心地听完商人的诉说之后，问他："你吃午饭了吗?"

商人回答说："吃过了。"

佛陀又问："锅碗都收拾干净了吗?"

商人急忙回答说："都收拾好了。"

商人又不解地连忙问道："您怎么总问我不相关的问题啊?请您先给我一个正确的答案吧。"

佛陀对商人微笑着说："你的问题你已经回答过了。"接着示意商人离开了静室。

几天之后，商人终于领悟了佛陀的道理，并前来致谢。后来佛陀告诉他的弟子们："谁要是对昨天的事耿耿于怀，或者为明天的事幻想担忧，他的心就会成为一片死海。"

我们大部分人都是凡夫俗子，虽然没有修行者的大智慧，但在日常的生活中也要像佛陀告诉我们的那样去面对生活，面对我们身边发生的事。那就是：人只能活在今天，也就是此时、此刻、当下。谁都不可以再回到昨天，或者是提前进入明天。我们此时能做的只有过好今天，把握当下，活在当下。

因为过去的已经过去，时间不会倒流，未来会是什么样子，我们也无法预测和知晓。不管过去和未来是什么样子，我们都应该过好当下的每一天，去填写一个个空白的明天。活在此时此刻，该来的会来，该去的会去，强求不来。

生命对我们来说是有限的，可时间是无限的，我们没有必要拿有限的生命去跟无限的时间争输赢。不要拿过去的事跟自己过不去，当然对过去我们可以回忆，但不可以沉溺其中，对未来，我们可以憧憬但不可以杞人忧天，不要让过去和未来填满我们现在的生活。

人活着最重要的是当下，不是昨天和明天，过往的一切都已经成为过往云烟，未来是无法预知和掌控的。把握现在，体会此情此景才是最真实、最美好、最唾手可得的。

寺庙里住着师徒二人，一天徒弟问师父："师父，你每天都是怎么修行的？"

师父说："我该吃饭时吃饭，该睡觉时睡觉，我每天就是这么修行的。”

徒弟不解，说道：“好多人都是这样，有什么区别吗?”

师父解释说：“很多人在吃饭的时候百般挑剔，睡觉的时候思虑万千，所以不同。”

是啊，很多人在吃饭的时候总是在想，昨天的饭要好吃一点，明天的饭也许还会更好吃一些，没有认真地去品味当下的美食，始终觉得当下这餐不是最好的。在睡觉休息的时候脑子里还在不停地思量着，怎样才可以赚更多的钱，又想着明天还有很多的事需要做，所以睡觉都睡不踏实。

其实活在当下就是一件很简单的事，那就是该吃时吃，该睡时睡。车到山前必有路，船到桥头自然直。

所以，我们现在需要做的就是，抓住有限的时间，尽情地享受身边一切美好的事物。如陪着爱人认真地去看一场电影，全身心的投入，不去想家里的锅碗瓢盆、柴米油盐酱醋茶，只感受现在电影里的人物情节，跟着他们一起悲一起乐。

又如，一大家子围坐在一起吃着火锅，尽情地享受美味，享受其乐融融的温馨氛围。不要去回忆曾经因为一些鸡毛蒜皮的事，闹得不可开交。也不要想时日还长，以后有的是时间聚在一起，觉得没什么大不了，等到都各奔东西的时候才在那里暗自神伤。

少一些欲望，智慧地生活，简单地生活，快乐地活在当下。活出一份心境，活出一份坦然，活出一份平和，活出生命的精彩，还自己的心灵一份自在。

杨安觉醒秘籍

☆ 心若改变，你的态度跟着改变。

☆ 态度改变，你的习惯跟着改变。

☆ 习惯改变，你的性格跟着改变。

☆ 性格改变，你的人生跟着改变。

即便得到了世界的一切，是否真正地快乐

快乐并不在于有与非有，而是在于珍惜与知足。人生时时刻刻都是新的体验，懂得体会当下的感受，会发现原来快乐就是那么简单！

——《法源血缘》

在当今物欲横流的年代，很多人都把快乐理解成，只要拥有金钱、名利、权力和美色就会有属于自己的真正快乐。为了获取自己认为的快乐而乐此不疲，不择手段。当得到自己想要的一切时，才发现自己就像是行尸走肉，成了自己欲望的奴隶，没有丝毫的快乐可言，有的只是身心的疲惫不堪。

圣严法师在《人间世》中这样说道："没有负担是最舒服的事，人只要有期待，就有负担，只要想排斥，也是负担。所以面对生活应该不期待也不排斥，随时练习放下，放松。"一个人的欲望越多，心中的期待也就越多，期待越多，心里的负担也就越来越沉重。

人的一生都在不停地不辞辛劳地追逐名利和金钱，没有时间驻足停留。当时光耗尽，精疲力竭的时候，纵有万贯家财又如何，也始终无法改变一个人"生不带来，死不带去"的不变定律。

从前，有个大财主，他一生聚敛了无数财宝，直到六十岁都还在不停地奔波，经营自己的产业。当他患上重病时，多方

求医都医治无效，病情越来越严重。当他病入膏肓之时，家里人不得不为他准备寿衣和棺材，准备后事。

财主深感自己已经没有多少时日可活了，就命令下人把寿衣拿过来给他看看。当他发现自己的寿衣没有口袋时，上气不接下气地问道："我的衣服为什么没有口袋？"

家人解释说："寿衣是没有口袋的啊。"

财主愤怒地说道："不行，没有口袋，这么多财宝我怎么带走。"

说完，一口气没有接上来就一命呜呼了。

贪婪是人的天性，它促使人不断地去索取，不停地去满足自己的欲望。总感觉自己的生活缺少点什么，一味地把注意力放在自己没有的事物上，追求得到时的短暂快乐。

可等到自己什么都有了的时候，才发现好多东西都不是自己真正想要的。忽然醒悟自己为这些可有可无的东西花掉了太多的时光和精力，忽视了自己，也忽视了身边太多的人和物。所以，适当的时候还是应学会停留和放下，少一些欲望也许会发现更美的天空。

圣严法师在《知足最满足》中说道："物质的贪求是没有止境的，已经有了的，希望多一点，多了的又希望更多，永无满足。就像是口渴的人喝盐水一样，越喝越渴，越渴越喝，最后变成死路一条。"其实，生命就是一个经历的过程，在生命结束的时候不会带走一丝一毫，应注重自己给予了别人多少爱与快乐，自己对生活又有多少感悟和体会，这才是真正的生活。

不要认为只有不停追求满足自己的物欲才是快乐，这只能把你带入一个充满诱惑、不能自拔的怪圈，是永远得不到真正的快乐的。欲望过之就会演变成贪念，它就会像一个魔鬼一样纠缠着你，不停地怂恿你疲惫的身体不断去索取，直至生命完结。

一个人听闻在钟南山有一种快乐藤，只要能得到此藤，人就会感觉无比的开心快乐，完全不知烦恼为何物。

这个人非常希望自己能够快乐起来，便不辞辛劳地跋山涉水，经历无数艰难险阻，最终来到了钟南山，得到了快乐藤。可是他并没有感觉到快乐。

这天夜里，他借宿在一个老人家里，面对浩瀚的夜空，不由得长长叹气。

他不解地问老人："为什么我已经得到了快乐藤，可还是感觉不到快乐呢?"

老人面带微笑地对他说："快乐藤不是只有钟南山才有，其实，每个人心里都有快乐根。只要你拥有它，无论你走到哪里，都会感到快乐。"

老人的话听得他一头雾水，急忙问道："那什么是快乐根呢?"

老人说："你的心就是快乐根。"

这人听了恍然大悟，随即笑了起来。

快快乐乐地生活是每一个人的心愿，老人说得多好："心是快乐的根。"真正的快乐是由心而发的，应该学会呵护自己的心灵，心里不要充斥太多的物欲，让心灵背负沉重的枷锁。

拥有一颗清净心，是幸福之源泉。我们整天为纷繁复杂的人际关系左右，为身外之物所烦忧，为名位所刺激，心怎么静得下来呢？那怎样才能摆脱物欲和名利的操控，找回真正的快乐呢？答案是：要让自己心里感觉充实和满足，降低自己的物质欲望，怀着知足常乐的心态面对生活。其实，快乐很简单，就是知足常乐。

知足常乐不是叫人不思进取，而是要人善于发现生活中美好的地方。比如，眼睛看到的自然美景，耳朵听到的悦耳音符，鼻子闻到的诱人芳香，以及心理感受到的亲情和关爱等。这些众多的感受都是生活中美的体现，都是快乐生活的组成元素。注重心理层面的享乐，不要简单的拿物质拥有与否来衡量得失，衡量快乐的指数。

一个年轻人在两年前，在城里开了一间杂货店，可因为经营不当，濒临破产。开这个店不仅花光了他所有的积蓄，还让他负债累累，估计要用好几年的时间才能还清债务。

这天是星期六，他早早关门，准备去银行贷款另谋职业。走在去银行的路上，他就像一只刚从斗鸡场上战败下来的公鸡，没有一点斗志和信心。就在此时，他看见一个没有双脚的人从街的另一头过来，他坐在一个安装有滑轮的小木板上，双手各拿一根木棍支撑着掌握着前行的方向。

在这个人提起木板准备踏上人行道的时候，年轻人的视线与他相遇。这人只是淡然一笑，然后很有精神地向他打招呼：“早，先生，今天的天气真不错啊。”此刻，年轻人看着这个没有双脚的人，突然感觉自己是那么的富有。

他想：“自己有双脚，可以自由的行走，为什么还要那么悲观呢？一个没有双脚的人都能这样坚强自信地活着，为什么我这样一个四肢健全且身体强壮有力的人就不能乐观地活着?”于是他挺了挺胸，大踏步地走向银行。

年轻人原本打算向银行借200元的，现在改变借400元，本来打算想找一份工作，现在他明确地告诉自己一定要去找份工作。后来，年轻人借了钱，也找到了工作。

现在，年轻人把一句话写在他洗手间的墙面上，在每天早上洗漱的时候就默念一遍：“我因为少了一双鞋而闷闷不乐，可走到街上我竟看到有人少了一双脚。”

人生本来就存在许许多多的不如意，会经历很多挫折，面对这些不利的因素，要用乐观的心态去面对。善于发现自己富足的地方，要有知足常乐的心态，对生活才会充满希望，才会体会到真正的快乐。知足常乐也是获得快乐的方法。

杨安觉醒秘籍

☆ 生活需要游戏，但不能游戏人生。

☆ 生活需要艺术，但不能投机取巧。

☆ 生活需要重复，但不能重蹈覆辙。

☆ 生活需要微笑，但不能一笑置之。

倘若迷茫，更要停下来好好想想

思维是灵魂的自我谈话。

——柏拉图

在日复一日的社会活动中，我们风里来雨里去，经历了无数的风吹雨打，看透了世俗的纷纷扰扰，也练就了一身处事不惊、应对自如的本领。随着通信网络的便捷，以及交流平台的多样化，我们与外界也有了更多的沟通和交流。

面对熟悉或不熟悉的对方，我们都有办法畅所欲言，无话不谈。相互交流着，分享着彼此的心得，分享着快乐与忧愁，彼此充当着倾诉与倾听者的角色，彼此安慰和慰藉。可不管人类的语言如何的发达，如何的面面俱到，依然有那么多的彷徨、忧虑、哀愁无法言表。一时间找不到可以解决的方法，不知所措的情绪也就油然而生，渺茫的思绪则紧随其后。

有这样两则小故事：

（一）

很多年以前，有个老太太总是抱怨对面的人家很懒惰："那个女人的衣服永远洗不干净，院子里晾晒的衣服总是有斑点。我真的不知道，她是怎么将衣服洗成那样的。"

有一天，有个朋友来到了老太太家，老太太又一次说出了自己心中的不满："你看，衣服怎么会洗成那样，每次都是！"朋友站到窗户边看了看，然后拿了一块抹布，把窗户上的灰渍抹掉，说："看，这不就干净了吗？"老太太恍然大悟，原来是自己家的窗户脏了。

（二）

有一只乌鸦打算飞往东方，途中遇到了一只鸽子，停在一棵树上休息。鸽子看见乌鸦飞得很辛苦，关心地问："你打算飞到哪里去？"乌鸦愤愤不平地说："其实，我根本就不想离开，可是这个地方的居民都说我的叫声不好听。所以，我想飞到别的地方去。"鸽子听完，好心地告诉乌鸦："别白费力气了！如果你不改变自己的声音，不管你飞到哪里，都是不会受到欢迎的。"

这两则小故事告诉我们，眼睛长在我们自己身上，但是很多人却看不到自己，只能盲目地坚持自己的看法，盲目地往前赶，其实只要停下来，多想一些问题，就会发现事情的奥秘！

人为何要迷茫？我们时常觉得自己的付出没有得到应有的回馈，总觉得自己想去的彼岸是那样的遥不可及。于是，我们觉得自己孤立无援，没有谁可以帮到自己，在原地打转，不知道自己身处何方，又将往何处去，迷失掉了自己，深感自己跌入谷底，内心惆怅，耳边萦绕的都是哀怨的曲调，落寞忧愁的情绪挥之不去。

这种找不着东南西北，不知道是上是下，不知所措的感觉就是我们时常感觉的迷茫状态。面对这样的窘境，我们应采取以不变应万变的心态，就当是给自己休养生息、蓄势待发的机会，停下脚步，停下反抗，整理思绪，寻找冲出重围的方法和机会。

生活中我们常因各种困扰而迷茫，比如，盲目而迷茫，在许多需要自己做抉择的十字路口，在他人的眼里可行的方法有无数个，可对我们自己来说却是无从下手。总感觉每一条都是可行又是不可行，始终处在矛盾之中。仿佛每一个方向都有一面无形的墙阻挡着自己想去的道路，很想用力去冲破，却被它毫不留情地弹回原地。反复尝试终究无果，深有被老天愚弄的感觉。

其实，真正阻挡我们前行方向的那面墙是我们的盲目举动。盲目让我们失去了冷静，混淆了事物的发展逻辑，使我们始终找不到方向。盲目使我们没有对每一条出路深思熟虑的思考，只是即兴而为，这样的行为不是慎重之举，经历挫折和失败也就不足为奇了。这时候的迷茫就是一种妥协。

犯错而迷茫，在不断的失误中，逐渐演变成错误，错误的阴影也逐渐缠绕着我们，导致自己杯弓蛇影，就像一只乌龟一样，遇到风吹草动就赶紧缩头躲起来，把自己禁锢在狭小的空间里，很想再去尝试，却没有了勇气，处在矛盾和不安之中。

其实，人无完人，谁都会有失误的时候。犯错误是试探我们缺陷的最好试金石，我们应怀着感激乐观的心态去看待，吃一堑长一智，勇敢地正视自己的不足，增强前行的信心。正如古人所说："祸兮福之所倚，福兮祸之所伏。"

得不到而迷茫，对我们想得到的东西，不停地追求着、探索着，可当我们为此筋疲力尽时却发现自己还是两手空空。回想自己风餐露宿，忙忙碌碌，到头来却还是狼狈不堪，真搞不明白天道酬勤一词是谁胡乱发明的，于是失败感笼罩全身。

其实，人都会有所得，有所失，我们应该合理的看待自己的得

与失。不是有句古话说：“天将降大任于斯人也，必先苦其心志，劳其筋骨，饿其体肤”吗？通过自己的努力，该得到的终会得到，用坦然的心去面对，不要因此觉得自己是一个地道的失败者。

迷茫是我们无数种情绪中的一员，应承认和接纳它的存在。处理好迷茫的情绪，不因迷茫而盲从，不因迷茫而慌不择路，不因迷茫而手足无措，更不因迷茫而莽撞行事。

生活中总会有人让你悲伤、嫉妒、咬牙切齿，并不是他们有多坏，而是因为你很在乎。所以想心安，首先就要不在乎。所谓“随缘”，就是要随顺因缘。世间万法，都是因缘和合而存在，每个人都离不开因缘和合而存活；同样的，每一个人的思想观念、言谈举止，也会成为影响别人的相互因缘，能够随缘，才能成事。

“随缘”不是随波逐流，不是随世浮沉；“不变”也不是照本宣科，更不是顽固不化。社会上有些人因为一味随缘，而失去原则，结果随波逐流，沉沦苦海，无法自拔；有些人则过分坚持原则，不能融通，反成执着，不但丧失人缘，也使事业的发展受到阻碍。因此，能够在随缘的生活与不变的原则相行无碍之下，才能享受收放自如的人生。

处在人际关系复杂的现代社会，当自己迷茫时，以一种“随缘”的心态，让自己静下心来认真思量，找出最佳的方法面对问题。顺势而为，不可强求，不可急躁。

杨安觉醒秘籍

☆ 停下来，想一想，自己到底想要的是什么，自己到底应该怎么做。

☆ 在遇事繁多的情况下，要停下来，想一想到底哪件事才是我们要做的。

☆ 在你生气的时候，不要做任何决定。

☆ 凡事三思而后行！

让内心最真实的自我做决定

知人者智，自知者明。

——老子

随着生活节奏的不断加快，我们终日忙忙碌碌，为了车子、房子、票子，不停地奔波着，没有时间停留看看身边的花开花落，鸟语花香，感受大自然的美好气息。也没有更多的精力和时间与妻子、孩子、老人沟通交流，享受爱的抚慰。

大多数人都是在虚度着自己的光阴，过着别人的生活，没了自己的主心骨，总拿别人的要求来要求自己，没有自我判断力。别人说好就是好，别人说坏就是坏，思维总被他人牵引着。

相传在宋朝，白云禅师在方会禅师门下学禅多年，却没有得到悟性。方会禅师就想了一个办法对他加以点化。

一天用膳之后，方会禅师在白云禅师的陪同下，来到寺院外的草坪上散步。在闲谈中，方会禅师问道："听说你师父有一次在雨天路过一座桥，由于路滑跌了一跤，之后便开悟，你还记得吗?"

白云禅师回答说："记得，那天师父开悟之后说了这样一首偈语：我有明珠一颗，久被尘劳封锁，而今尘尽光生，照破山河万朵。"

方会禅师听后，发出嘲笑声，然后便独自离去，只留下“哈！哈！……”的回声。搞得白云禅师一头雾水。回想自己说的一字一句，不知道自己哪里说错了，脑子里满是问号。

接下来的几天，白云禅师都百思不解，寝食难安。他不停地思考自己到底是哪里说错了，方会禅师会如此的嘲笑他。白云禅师实在是想不出答案，忍不住跑到方丈室请求方会禅师明示：“师父，弟子有一事不明，昨天徒弟在广场上到底是哪里说错了呢？请师父明示。”

方会禅师说：“你没有说错什么啊！”

白云禅师不解地问：“那师父为什么要嘲笑我呢？”

方会禅师说：“你既然没有说错做错的地方，为何要在意别人是笑与否呢？你看见过寺前耍把戏的小丑没有？无数人对他评头论足，嘲笑讥讽，他仍能够镇定自若的玩着他的把戏。可你被人那么一笑就开始食无味，夜不寐，对外境如此执着，这样如何能参禅悟道呢？都不及耍把戏的小丑啊！”

许多人都很在意别人的眼光，不由得迎合他人的想法，思想被他人所左右，没有自己辨别是非的能力，没有自己的认知和意识，面对事情就像一个摇摆不定的时钟。

在日常的生活和工作之中，我们都会接触到形形色色的人，比如：同事、朋友、家人、领导等，在与他们的相处和交流中都会产生不同的意见和想法。自己或者别人的观点时常都不被对方认同和接受，甚至会遭到反驳和诋毁，这些都是时常存在的现象。

每个人都不会完全被人赞同，不管你处在什么样的社会地位，哪怕你是一位至高无上的佛陀也不例外，这也是一种无可辩驳的自然定律。

花有花的芬芳，蜜有蜜的甜美，自然万物都有各自的不同。作为有血有肉，能知喜怒哀乐、酸甜苦辣的人更是如此。每一个人都是一个完完全全的个体，其中包括言行和思想。面对别人的称赞批评也好，认同或否定也罢，都要做真实的自己，独一无二的自己。

不要被别人的言行诱导和左右，也不要迫于外在事物的压力妥协，随大溜而迷失自己，把别人的笑与悲复制到自己的身上，这样你将像一个木偶一样，无法体会到真实意义的快乐。

东晋时期的著名诗人陶渊明在任彭泽县令的时候，碰到浔阳郡派遣督邮来检查公务，这人名叫刘云，因凶狠贪婪臭名远扬，每年都以巡视为由向各县索要财物，否则定栽赃陷害。

刘云一到彭泽县就叫县吏让县令去见他。陶渊明一向都很厌恶这种贪官污吏，不肯趋炎附势，但也不得不见，于是动身去见刘云。

可县吏却劝说他："大人，去见督邮应该穿上官服，并要束上腰带，不然有失礼节，督邮会借机大做文章，对大人不利啊！"

陶渊明清正廉洁，不畏权势，他非常气愤，叹一声喊道："吾不能为五斗米折腰，拳拳事乡里小人邪！"随后，便脱下衣帽，辞官而去。

离开官场的陶渊明回到乡野过起了悠然自得的隐居生活。在"晨兴理荒秽，戴月荷锄归"和"采菊东篱下，悠然见南山”的生活中，创作出无数的名诗佳句。

这就是做真正自我的态度，人生不仅在于拥有的权势和利禄，更在于要活出自己想要的感受和体会。

当我们在为自己的战果庆幸和欢呼之余，有时会突然感到空虚、彷徨、烦躁、倍感疲惫，找不到曾有的激情，找不到生活的动力，万般的思绪不定，内心空洞和渺茫。自己曾无数次的成功和跌倒，无数的艰辛和汗水，此时得到的真的就是自己想要的吗？

沉静下来之后，不由得思考，发现自己找不到自己想去的空间，在不停地忙碌之后迷失了自己，浑浑噩噩，发现自己的肉体居然与自己的灵魂越来越远，不知道自己该走向何方。只是长久以来自己一直在照着别人的方式生活着，人云亦云，机械麻木地探寻，寻找着自己所谓的人生观和价值观，在物质和精神的选择题上迷失了自己。

要找出真实的自我，认识自我，让它告诉你答案。不再为此彷徨无措，向着前方的灯塔一步步靠近。只有接纳并尊重自我，根据自己的真实需求，合并自己的特点，确立自己的社会位置，为自己而活，才是真实自我调配下的生活。

找到属于自己的人生目标，不再迷茫，不再被他人所左右，这样的人生才是自己的，才是真正快乐有意义的人生。

杨安觉醒秘籍

☆ 能够真实面对自己的人，最勇敢。

☆ 不管别人曾经给我们多少的意见，最终做决定的还是自己。

☆ 观照自己内在活动的人，至少比较不会自欺欺人。

☆ 只有诚实面对自己心中的期望，才能勇敢地创造自己的未来。

小测试——看看你的情绪控制指数有多高

有时候，有些人、有些事总会让人纠结，能控制好这种情绪就是高 EQ 的表现。现在，让我们一起来看看你自我情绪控制的指数有多高吧！

1. 和别人意见不合的时候，你很生气，你能很好地将自己的不满情绪掩饰起来吗？

是（　）不是（　）

2. 遇到困难的时候，你觉得困难是人生的一大考验，是成长的必经之路吗？

是（　）不是（　）

3. 当朋友有难言之隐的时候，你能通过他的行为举止发现异常吗？

是（　）不是（　）

4. 遇到大事的时候，你晚上的睡眠质量可以保证吗？

是（　）不是（　）

5. 你与好友一起分享动画片或电影的时候，不会沉浸其中一直回味吗？

是（　）不是（　）

6. 状态不好的时候，你会适时转变，重新开始吗？

是（　）不是（　）

7. 你认同“走自己的路让别人说去吧！”的观点吗？

是（ ）不是（ ）

8. 你是那种做事绝不后悔型的吗？

是（ ）不是（ ）

9. 你能很快适应新环境吗？比如：新学校、新单位、新工作等。

是（ ）不是（ ）

10. 朋友都比较喜欢你，基本上你每场活动都是必到吗？

是（ ）不是（ ）

答案：

标准：是——1 分　不是——0 分

1 分 ~3 分：

你是个比较容易情绪化的人，容易受周边事物和他人的影响；有时候，你会对自己缺乏信心，缺乏安全感，有些粗心。如果能更好地控制自己的情绪，就能把握住自己的人生。

4 分 ~6 分：

你有时自信，有时迷惑，对于一般的生活变故和挫折都能轻松应对。要明确知道，自己想要什么，自己的奋斗目标是什么，这样你才能成为一个不容易激动的人，才能把握好行动的方向，才会少出错。

7 分 ~10 分：

你很自信，处于情感边缘时，你不会被击垮；你有很强的意志力，有着不可动摇的决心。即使你生气了，也能保持彬彬有礼的君子风度，似乎有点深藏不露。如果拥有了智慧、耐力等特点，就更容易成功了。